Georges d'Avenel

La Journée de huit heures et le Protectionnisme

Essai

ISBN : 978-1721548323

10 9 8 7 6 5 4 3 2 1

Georges d'Avenel

La Journée de huit heures et le Protectionnisme

Essai

Table de Matières

Section I   7

Section II   11

Section III   16

Section IV   20

Section V   26

Section VI   33

Section VII   42

Section VIII   47

Section I

Un vent de réaction souffle en ce moment sur l'Europe : cent ans après la révolution de 1789, le travail, affranchi par tant d'efforts, réclame à grands cris des chaînes ; la propriété foncière, après un demi-siècle de chemins de fer et de navigation à vapeur, demande que nous organisions nous-mêmes le blocus de nos côtes, que nous fassions venir de Chine, pour la dresser sur nos frontières territoriales, la muraille légendaire que le Céleste-Empire laisse aujourd'hui crouler.

Vive la contrainte ! Honneur aux minutieuses règles, règlements et réglementations que les puissances législative et administrative s'apprêtent à multiplier pour notre bonheur ! Humilions-nous ! Tout ce que nous avons aimé depuis un siècle est haïssable ; tout ce que nous avons admiré, — liberté du travail, liberté des échanges, — est odieux. Combien nos pères étaient jeunes et fous, qui se lamentaient sur les entraves de toute nature que rencontraient, de leur temps, l'industrie et le commerce ! Et vous, joug béni, imprudemment secoué par les révolutionnaires de 1790, entraves vénérables, brisées si injustement, où êtes-vous que l'on vous raccommode ? Notre devise économique, à nous autres hommes de l'aurore du XXe siècle, devra être : « Ne laissez presque rien faire, ne laissez presque rien passer ! »

« Économique, » cet adjectif même devrait être banni de la langue, comme rappelant une race d'hommes abhorrés, — dits « économistes, » — qui parut sur la terre, du commencement du XVIIIe siècle à la fin du XIXe, car elle est en train de disparaître. La science que ces imposteurs avaient inventée, — « science immorale, » a dit le congrès ouvrier de Calais ; « science inhumaine et matérialiste, » a dit le congrès catholique de Liège, — a été, l'été dernier, reconnue fausse de tout point, ici, par des conciles d'anarchistes appartenant à divers corps d'état, compagnons brevetés et commission nés pour faire le bonheur de leurs frères ; là, par des meetings d'évêques, d'abbés et de pieux laïques, dont quelques-uns grands seigneurs. Et ce qui prouve à quel degré de discrédit est tombé cet ensemble de formules sur qui reposait « l'économie politique, » c'est que les doctrines de Jean-Baptiste

Say n'ont pu trouver, dans cette assemblée choisie, parmi tant de distingués prélats, d'autres défenseurs que deux malheureux jésuites, avocats indiqués de cette cause impopulaire, qui ont été conspués de la bonne façon.

« Vous avez appris qu'il a été dit aux anciens, écrivent les rédacteurs de l'évangile socialiste des temps nouveaux, que le prix de toute chose dépendait de l'offre et de la demande ; mais cela vous a été dit à cause de la dureté de vos cœurs. En vérité, le prix des choses dépend de l'État, qui peut le déterminer selon son bon plaisir ; et comme vous êtes, vous autres ouvriers (ou vous autres agriculteurs), la majorité dans l'État, le bon plaisir de l'État doit être soumis au vôtre, et vous n'avez qu'à lui dicter ses lois. » Tel est le langage que tiennent, au cirque Fernando comme à l'Hôtel Continental, dans les cabarets ou dans les salons, les socialistes travailleurs que l'on appelle des « collectivistes, » et les socialistes propriétaires que l'on nomme des « protectionnistes. » Et comme ce langage semble conforme à l'intérêt des auditeurs, il ne manque pas d'être couvert d'applaudissements.

S'il est un homme assez arriéré ou assez hardi pour oser prendre en public la défense de cette économie politique, à qui nous devons une bonne part de notre prospérité moderne, pour plaider en sa faveur les circonstances atténuantes, en essayant de démontrer que les maux dont on se plaint, s'ils existent, ne lui sont pas imputables, qu'elle a constaté des phénomènes et formulé des lois éternelles, qu'il n'est au pouvoir de personne de modifier ces lois immuables, pas plus que d'empêcher la terre de tourner et de changer les hommes en femmes, ou réciproquement, le discours de ce personnage amènera sur les lèvres du public un sourire de pitié, dont la signification sera celle-ci : c'est en vain que vous cherchez à nous abuser, nous ne sommes plus vos dupes et nous savons ce que nous devons savoir ; que l'abondance des produits n'en amène pas le bon marché, et que leur rareté ne les fait pas renchérir ; qu'il est très possible d'augmenter le prix de vente des denrées au profit du propriétaire, et de diminuer le prix d'achat des mêmes denrées au profit de l'ouvrier ; qu'il n'y a pour cela qu'à faire de bonnes lois, et à créer un nombre suffisant d'inspecteurs sérieux ; mais que les économistes n'ont jamais su ni voulu faire ces lois bienfaisantes, qu'il s'ensuit que les économistes sont de méchantes gens et leur science une méchante science, sans entrailles et même « sans justice. » Le meilleur conseil qu'on leur puisse donner est de ne plus faire parler d'eux, et de laisser la place à d'autres. Aussi bien l'État, qui est bon pour eux comme il le sera bientôt pour tout le monde, leur entretient un peu partout des chaires officielles ; qu'ils enseignent donc, mais ne se mêlent pas d'appliquer leurs idées en dehors des écoles.

N'insistez pas, vous ne convaincriez personne et vous vous feriez mal voir ; vous risqueriez peut-être d'être bafoué, comme les deux jésuites du congrès de Liège dont il est parlé ci-dessus, car ces querelles tournent promptement à l'aigre. Les propriétaires protectionnistes, qui attendent de l'État la hausse de leur revenu entamé, ou le maintien de leur revenu menacé, laisseraient entendre qu'ils vous regardent comme un malhonnête homme et un révolutionnaire ; les travailleurs « huit-heuristes, » qui attendent du même État la diminution des heures et l'augmentation du salaire de la journée, vous traiteraient de « réac, » d'ennemi du peuple, de « bourgeois ; » et, s'ils ont bu ce jour-là un verre de trop « à l'extinction du capitalisme, » ils pourraient bien vous faire un mauvais parti.

Ainsi, gains moraux, gains matériels, conquêtes de la Révolution, découvertes contemporaines, tous ces présents funestes d'un passé qui ne date pourtant que d'hier ne sont bons qu'à disparaître ; beaucoup de syndicats ouvriers signalent le « machinisme » comme leur ennemi principal, et, pour la plupart des syndicats agricoles, les steamers qui apportent le blé, les chemins de fer qui apportent la viande du dehors, sont à coup sûr de diaboliques inventions. La législation, on la changera ; on ira prendre à la Bibliothèque nationale le *Livre des métiers* d'Etienne Boileau, prévôt des marchands au XIIIe siècle, qui oppose de si bonnes digues à la surproduction, et le *Traité de la police* par de La Mare, compendium indispensable de la jurisprudence de nos bailliages et sénéchaussées, au XVIIe siècle, en fait d'ordonnances corporatives ; et l'on en fera des distributions au sénat et à la chambre des députés de 1891. Nos honorables représentants y puiseront, j'en suis sûr, des idées fort ingénieuses, lesquelles, renouvelées de Charles le Sage ou de Louis le Juste, et accommodées au goût du jour, paraîtront à peine défraîchies.

Ceci n'est pas une plaisanterie ; le but à atteindre, pour nos hommes « avancés, » est bien à peu près le même que poursuivaient les vieux « maîtres et gardes de la marchandise de mercerie, » ou les « jurés-maçons, » qui rédigeaient au moyen âge ces statuts gothiques. Il s'agissait autrefois de garantir la multitude des petits patrons contre la concurrence qu'ils pourraient se faire, de les maintenir tous dans une pauvreté relative, de les garantir aussi de la concurrence de leurs ouvriers, et de garantir enfin ces derniers, dans chaque corporation, contre la concurrence des ouvriers de corporations mitoyennes. Dans ce dessein, les intéressés faisaient passer et repasser sans cesse sur leurs têtes le niveau d'une égalité farouche. Aujourd'hui ce serait la même chose, saut qu'on ne voudrait plus de patrons du tout ; mais les trois quarts des petits patrons de jadis ne valaient pas les contremaîtres de nos jours. Il s'agit donc d'empêcher les ouvriers de s'enrichir, parce que s'ils s'enrichissent, ils deviennent patrons, à tout le moins capitalistes, et que, de capitalistes et de patrons, il n'en faut plus. Le ministre de l'intérieur résumait bien cet état d'esprit quand, défendant il y a quelques semaines à la tribune un ancien ouvrier, devenu millionnaire, il disait à l'extrême gauche : « Vous voulez que l'on favorise les ouvriers pour leur permettre de faire fortune, et quand ils ont fait fortune et qu'ils ont passé patrons, vous les prenez, comme tels, immédiatement en horreur. »

Dans cette voie, la journée de huit heures n'est qu'un premier pas, qui serait suivi de beaucoup d'autres. Eux non plus, les règlements corporatifs et les procès homériques auxquels ils donnent lieu, qui nous font tant rire au XVIIe ou au XVIIIe siècle, ne s'étaient pas faits en un jour.

Quant aux propriétaires fonciers, qu'il ne faut pas confondre avec la masse des cultivateurs, quoiqu'ils aient eu l'habileté de les entraîner dans leur campagne, quant aux propriétaires fonciers, ils ne demandent pas que l'on comble les ports que nous sommes en train de creuser à grands frais, et de peupler avec peine aussi, par une prime annuelle à la marine marchande ; ils ne demandent pas non plus que l'on intercepte les voies ferrées, qui nous font communiquer avec nos voisins du continent. Ce sont des gens trop sages pour vouloir détruire à plaisir un capital d'une quarantaine de milliards, que l'on vient de dépenser depuis quarante ans, que l'on dépense encore. Seulement, ils exigent de l'État qu'aucune marchandise, semblable à celles qui peuvent être produites par eux, n'ait accès sur notre territoire par terre ou par mer ; ou du moins qu'elle n'y pénètre que grevée d'une taxe qui élève assez son prix pour en dégoûter les acheteurs. Que nos marchands importent des denrées qui ne font aucun tort à notre agriculture nationale, de la vanille, du cacao ou de l'essence de rose, à la bonne heure ! Voilà de quoi remplir patriotiquement les wagons de nos trains de petite vitesse, et les cales de nos navires de 6,000 tonneaux. Mais du bois de charpente, des sacs de grains, des bestiaux ou des futailles pleines, voilà ce qu'il est vraiment criminel d'introduire, parce que cela diminue, ou peut diminuer la valeur des denrées indigènes. Il ne serait pas défendu d'ailleurs d'exporter de semblables produits, même s'ils étaient très chers en France, parce que cela les ferait renchérir encore et ainsi « encouragerait l'agriculture. »

Nos aïeux tenaient du moins la balance plus égale entre le producteur et le consommateur. Il n'était pas rare de voir, sous l'ancien régime, des provinces où l'on interdisait d'importer une pièce de vin, tant que le vin du cru n'avait pas été bu jusqu'à la dernière goutte ; mais d'où l'on défendait aussi d'exporter une pièce du même vin, de peur qu'il n'y en eût pas assez pour les gosiers locaux. Inutile d'ajouter que ces systèmes, qui ont fonctionné cahin-caha pendant des siècles, et qui avaient pour but d'empêcher à la fois les denrées de s'élever de prix ou de s'avilir, n'ont prévenu ni l'une ni l'autre de ces extrémités, qu'au contraire ils ont donné le plus beau développement aux moindres crises. En ces temps ignorants, la liberté était souhaitée par tous les hommes de bon sens comme un bienfait.

Section II

Mais cette liberté du commerce, commerce du travail humain ou des denrées, décrétée il y a cent ans, et augmentée depuis lors par les lois sur les grèves et les syndicats professionnels, s'il s'agit de travail, ou par des traités libres-échangistes, s'il s'agit de marchandises, cette expérience d'un siècle a-t-elle si mal réussi qu'elle justifie les invectives dont on l'accable ? C'est ce qu'il serait intéressant de voir, avant d'aller plus loin. Deux sortes de gens existent dans le monde : ceux qui travaillent, et ceux qui vivent d'un revenu quelconque sans travailler. Cette dernière classe se subdivise à son tour en deux catégories : les propriétaires fonciers et les propriétaires mobiliers. Des études détaillées, dont j'aurai peut-être l'honneur d'exposer un jour les résultats aux lecteurs de la *Revue*, nous apprennent que le pouvoir de l'argent a diminué à peu près de moitié depuis 1790 jusqu'à nos jours, ou, si l'on veut, que la vie a doublé de prix depuis un siècle. Par conséquent, 1,000 francs de 1790 en représentent 2,000 de 1890 ; et le propriétaire de biens-meubles, tels qu'une rente hypothécaire ou autre, le propriétaire d'une somme de 20,000 francs, qui en tirait, il y a cent ans, un revenu de 1,000 francs, à 5 pour 100, a vu son avoir diminuer de moitié, puisqu'il ne peut plus satisfaire, avec ses 1,000 francs de rente, que la moitié des besoins qu'il satisfaisait en 1790 avec la même somme. Le rentier a été, par la force des choses, par le mouvement naturel des prix, spolié de la moitié de son avoir.

Le propriétaire foncier, au contraire, qui avait il y a cent ans 1,000 francs de revenu, n'a pas souffert du renchérissement de la vie ; il ne s'en est même pas aperçu, parce que la terre française, dans son ensemble, ayant doublé de prix depuis lors, en même temps et dans la même proportion que l'ensemble des marchandises, ses 1,000 francs de fermage de 1790 s'élèvent aujourd'hui à 2,000, avec lesquels il vit, non pas sur un pied supérieur, mais sur un pied égal à celui où son aïeul vivait, avec 1,000 francs, au jour de la Révolution. Reste la catégorie des travailleurs : celle-là est de beaucoup la plus nombreuse et la mieux partagée. Sous ce régime si attaqué de la liberté, et avec l'aide des innombrables machines permettant de résoudre ce problème, qui jusque-là avait pu passer pour la quadrature du cercle des questions sociales : augmenter le prix de la main-d'œuvre et diminuer le prix de l'objet fabriqué, les salaires se sont élevés en moyenne au triple de ce qu'ils étaient à la fin du règne de Louis XVI ; et comme les dépenses n'ont augmenté que du double, que le blé même n'aurait pas augmenté du tout, si son prix n'était pas artificiellement surhaussé par les droits de douane, l'ouvrier de 1891 est moitié plus riche en définitive que l'ouvrier de 1790. Intrinsèquement, ses dépenses ne faisaient que doubler pendant que ses recettes triplaient. Voilà le bilan économique du siècle ; nous n'avons pas, j'imagine, à en rougir. Et ce résultat mériterait d'être admiré bien davantage encore, si l'on connaissait l'histoire des salaires aux siècles passés, et si l'on mettait en regard des améliorations réalisées depuis cent ans dans le bien-être des classes laborieuses, l'état stationnaire, voire rétrograde, des temps qui ont précédé le nôtre, où les progrès généraux de la civilisation ne profitaient en rien à la classe des travailleurs manuels.

Que voyons-nous cependant ? De ces trois catégories de personnes, l'une, celle des rentiers, réduite de 50 pour 100 dans sa situation pécuniaire, accepte sans murmurer sa déchéance, et personne n'élève la voix en sa faveur ; l'autre, celle des détenteurs du sol, dont le revenu n'a pas été atteint, puisqu'il reste encore, même depuis la baisse des dix dernières années, le double de ce qu'il était il y a cent ans, fait retentir les gazettes de ses gémissements et s'écrie qu'on la veut réduire à l'aumône. La troisième, celle des travailleurs, qui ont joui, tout compensé, d'une augmentation de recettes de 50 pour 100, se plaint plus virulemment encore, déclarant que les choses ne peuvent aller ainsi plus longtemps. On remarque ici le même phénomène que pour les grèves, dans lesquelles les corps d'état les moins favorisés, sous le rapport du salaire, ne figurent presque jamais, tandis que ce sont précisément les ouvriers les mieux partagés qui protestent le plus fort. Or des grèves, il n'y a rien à dire ; c'a été et ce demeurera le moyen honorable et légitime dont les ouvriers peuvent se servir, pour réduire la part, abusive à leurs yeux, que le capital est tenté de s'attribuer dans les profits. Il appartient aux syndicats qui les organisent de n'y recourir qu'avec discernement et en bonne connaissance de cause, pour éviter les échecs et les pertes sèches, par lesquelles elles se soldent trop souvent en dernière analyse. Mais c'est de bien autre chose qu'il s'agit aujourd'hui, quand on sollicite l'État de faire intervenir ses gendarmes, non plus pour maintenir la liberté du travail, comme il était jusqu'ici d'usage, mais pour la violer.

Les mêmes gens, d'ailleurs, qui s'animent si fort en vue de procurer la hausse des salaires par des moyens coercitifs, sont peut-être non moins déterminés à procurer la hausse des subsistances par des moyens également coercitifs, je veux parler des tarifs douaniers. Un des objets principaux de cette étude est de mettre en lumière la suprême inconséquence, la prodigieuse contradiction existant entre ces deux velléités, qui se sont emparées à la fois du monde politique, non-seulement à droite, mais à gauche, non-seulement en France, mais dans plusieurs pays étrangers : la journée de huit heures et le protectionnisme. Augmenter les salaires, et par suite augmenter les dépenses des propriétaires, voilà l'effet de la journée de huit heures ; mais augmenter le revenu des propriétaires fonciers, en décrétant la hausse des produits de la terre, et par suite augmenter les dépenses des ouvriers, voilà l'effet du protectionnisme. Ceci revient à donner d'une main et à reprendre de l'autre.

De bonne foi, il serait au moins convenable de choisir ; de ne pas demander simultanément le dégrèvement de tous les impôts et le développement de tous les services, la liberté illimitée de la parole et la défense à qui que ce soit de débiter des sottises.

L'idéal des hommes actifs qui pensent en ce moment « qu'il y a quelque chose à faire, » sans bien savoir au juste quoi, ne paraît pas clair. Ils sont là des milliers à se conjouir de l'enterrement définitif des vieilles lois barbares d'Adam Smith sur la liberté des transactions, mais ils ne semblent pas s'être mis tout à fait d'accord sur le régime par lequel ils remplaceront cette liberté démodée.

N'importe ! le courant est si fort, si irrésistible est l'attraction de la nouvelle sociologie, qu'elle entraîne à la recherche de cette pierre philosophale : « l'augmentation obligatoire des salaires, » les potentats et les foules, les assemblées démocratiques et les monarques aristocratiques, les millionnaires et les gueux, les dévots et les impies, les anciens communards et leurs anciens otages. C'est une folie, une surenchère de promesses d'un côté et de réclamations de l'autre. Quoi que vous réclamiez, chers prolétaires, il se trouvera des gens pour vous promettre encore davantage ! Quoi que vous promettiez, chers socialistes en paletot, il se trouvera des gens pour réclamer encore un peu plus ! Autour du « zinc » humide de La Villette, autour du tapis frangé d'or de Berlin, à Liverpool, près des balles de coton, là où la fièvre du commerce est la plus chaude ; à Auray, dans la lande bretonne à culture patriarcale, sous les *ex-voto* de la bonne sainte Anne ; à Liège, où l'on coudoie des chanoines allemands et des comtes de la chambre des seigneurs de Prusse et d'Autriche ; à Calais, où des cabaretiers, présidents de syndicats fougueux, pérorent à l'ombre des drapeaux rouges ; à

Lyon, à Angers, dans vingt congrès et sous-congrès, et jusque dans le prétoire, à l'occasion des discours de rentrée de la magistrature, on agite les mêmes questions, avec la même ardeur passionnée, et on les résout à peu près de la même manière.

La société politique aperçoit, sur la fin du XIXe siècle, quelque chose qu'elle n'a pas réglé et qui lui paraît aller mal, bien qu'en cette matière, comme nous venons de le voir, tout aille beaucoup mieux qu'il y a cent ans. Elle relève ses manches, fait comparaître devant elle le capital et le travail, et leur dit : « A nous trois ! A nous trois, nous allons vider cette vieille querelle, et la terminer si bien que de longtemps il n'en soit plus question. » Et que nous propose-t-on pour y mettre un terme ? Voici venir d'abord ceux qu'on appelle les « socialistes chrétiens ; » à la tête de ces nouveaux croisés, un prince de l'église, le cardinal Manning, s'exprime ainsi dans une lettre-programme adressée, au mois de septembre dernier, à l'évêque de Liège : « Je ne crois pas qu'il soit jamais possible d'établir, d'une manière efficace et durable, des rapports pacifiques entre patrons et ouvriers, tant qu'on n'aura pas reconnu, fixé et établi publiquement *une mesure juste et convenable réglant les profits et les salaires*, mesure d'après laquelle seraient régis tous les contrats libres entre le capital et le travail. De plus, comme les valeurs sont soumises, dans le commerce, à des variations nécessaires, il faudrait que tous les contrats libres lussent soumis à une révision périodique *chaque trois ou cinq ans*, afin qu'on pût garder l'accord réciproque sur le contrat. Cette condition doit être insérée dans le contrat même… »

Dans une autre lettre, après avoir répudié « l'homme économique *imaginé par les économistes*, » le même prélat énumère les « conditions nécessaires pour le bonheur et le bien-être de ceux qui vivent du travail : la première est la foi en Dieu et l'obéissance à ses lois ; la seconde est *une entente cordiale* entre les employeurs et les employés. »

On le voit, la solution des « socialistes chrétiens, » — le texte que l'on vient de lire est encore le résumé le plus intelligible des revendications du parti, — consistant à dire aux ouvriers et aux patrons : « Entendez-vous, soyez raisonnables, et tout ira bien ! » ressemble un peu à celle de ce personnage de comédie qui terminait une harangue par ces mots : « Soyez heureux enfin, voilà le vrai bonheur ! » Mais cette « proportion entre les profits et les salaires, » qui la trouvera ? Cette « mesure juste et convenable, d'après laquelle seraient régis tous les contrats, » qui la fixera ? Ce n'est ni avec des dogmes, ni avec des lois, ni du haut d'une chaire, ni du haut d'une tribune, ni dans un cabinet de ministre, ni dans une commission parlementaire, fût-elle composée de trente-trois génies, et qu'ils fussent tous présents aux séances, ce qui est rare, que de pareilles proportions et de pareilles mesures pourront être fixées. L'ancien régime, dont nous sortons, s'est épuisé pendant des siècles à semblables besognes, sans y réussir jamais. Il suffit, pour s'en convaincre, de lire l'histoire ; les commerces les plus primitifs, les industries les plus rudimentaires, la fabrication du pain par exemple, trouvaient moyen de lui échapper, par des combinaisons et des stratagèmes qui variaient avec une abondance égale à celle des règlements où l'on voulait les emprisonner. L'erreur des socialistes chrétiens, comme des socialistes radicaux, consiste à présenter toujours le capital et le travail comme deux adversaires dont l'hostilité serait récente, et qu'ils auraient, eux socialistes, mission de pacifier ; tandis qu'en fait le capital et le travail ont été et seront éternellement unis et éternellement divisés : unis, comme le sont des gens qui ont des intérêts communs, et qui par suite sont forcés de s'entendre ; divisés, comme des gens qui ont des intérêts différents, et qui par suite sont forcés de les discuter. Ils se sont entendus, tout en discutant, depuis la création du monde, — aux temps bibliques, il y avait, comme aujourd'hui, des patrons qui cherchaient à exploiter les prolétaires, — ils discuteront, tout en s'entendant, jusqu'à la consommation des siècles. Entre cet arbre et cette écorce, plus on mettra le doigt, plus on fera tort à l'un et à l'autre. Tous ceux qui ont, comme on dit vulgairement, « mis la main à la pâte, » tous ceux qui font métier de vendre ou de fabriquer n'importe quoi, sont de cet avis ; et l'étude que nous faisons de la question a pour objet d'en persuader les autres.

Section III

En théorie, le socialisme est la chose du monde la plus respectable, quand son but est de mettre en mouvement les forces de l'État pour améliorer la condition des petits, des gens qui gagnent leur pain au jour le jour, à qui la vie, depuis le berceau jusqu'au cercueil, est pénible toujours, et parfois cruelle. Tous ces travailleurs pour lesquels s'ajoutent, aux tristesses morales et aux infirmités physiques du commun des hommes, les misères matérielles que les riches et les aisés ne connaissent pas, forment d'ailleurs l'immense majorité de la nation ; et, dans un pays démocratique, ce ne serait pas la peine que la majorité gouvernât, si elle ne prenait soin tout d'abord des intérêts de ceux qui sont les plus nombreux, et par conséquent les plus intéressants. Il n'en est pas de ce socialisme-ouvrier comme du socialisme-propriétaire, qui veut employer la puissance coercitive de l'Etat au profit d'un groupe de citoyens, — détenteurs du sol, — et hausser le prix de la vie à tout le monde pour conserver intact le revenu de quelques-uns. Au contraire, s'il était possible à l'autorité publique d'adoucir, par décret, le sort des classes laborieuses, soit en diminuant les heures de travail sans diminuer les salaires, soit en augmentant les salaires sans augmenter la durée de la journée, soit en abaissant le coût de la nourriture, du loyer, du vêtement, sans abaisser le taux des gages, je crois fermement que le ministre qui ne proposerait pas des lois dans ce sens, et le député qui ne les voterait pas, seraient de très mauvais citoyens, et, s'ils se disent chrétiens, de fort mauvais chrétiens.

Seulement, *en pratique*, l'État est radicalement impuissant sur ce terrain des relations privées, et il n'importe guère qu'il *doive* intervenir, s'il ne le *peut* ; il n'importe guère que son devoir soit très étendu si son pouvoir est tout à fait borné, tout à fait nul, et si surtout les tentatives qu'il croirait devoir faire en faveur des travailleurs ne devaient avoir d'autre effet que de leur nuire, de paralyser ce mouvement naturel qui porte la société moderne, par l'avilissement du taux de l'intérêt, par la baisse du prix des terres, vers l'amoindrissement de la propriété oisive et vers la glorification du travail, mieux rétribué.

C'est cependant là, infailliblement, ce qui se produirait : tout ce qu'on voudra faire pour augmenter artificiellement les salaires, ne fût-ce que d'un sou par jour, tournera au détriment des ouvriers. Ce serait comme autrefois, quand les rois, pour être agréables au plus grand nombre de leurs sujets, ordonnaient la réduction à 4 pour 100 du taux de l'intérêt, qui était communément de 5 pour 100 ; il arrivait aussitôt, par le fait de l'ordonnance et du resserrement de crédit qu'elle provoquait, que le taux de l'intérêt montait à 6. Les socialistes de droite ou de gauche ignorent sans doute ces particularités, mais vraiment les uns et les autres abusent du droit que l'on a de parler pour ne rien dire.

« Ce qui importe, dit un orateur du congrès de Liège, c'est d'être bien convaincu que le but à atteindre, dans une juste organisation sociale, ce n'est ni la plus grande somme de liberté, ni la plus grande somme d'autorité ; c'est *l'ordre social, reflet de cet ordre absolu dont le type est en Dieu* et est Dieu lui-même. La définition classique, tirée de saint Thomas, etc. » Saint Thomas et saint Augustin reviennent souvent dans les discussions, entrelardées de fines épigrammes à l'adresse de la barbarie du temps présent et de la propriété privée, « qui est trop absolue, » d'interjections laudatives en l'honneur u des beaux siècles chrétiens, » et de citations latines des Écritures, qui ponctuent noblement le pathos des périodes.

Après avoir flétri, « même s'il n'occupe que des hommes faits, » le travail de nuit, « régulièrement organisé, uniquement pour faire produire davantage à la machine, » le même congrès a reculé devant les conclusions radicales de l'illustrissime comte Kuefstein, son rapporteur, et s'est borné à émettre le vœu suivant : « Considérant que, s'il n'appartient pas à l'État de régler directement les conditions de la libre activité de l'homme, il lui appartient de réprimer les abus qui portent atteinte tant à la santé publique qu'à la vie de famille, le congrès déclare que l'établissement, par convention internationale, *d'une limite qui ne doit pas être dépassée, est désirable.* Cette limite *varierait suivant le pays et l'industrie.* » La dernière phrase détruit tout le reste, et le vœu, ainsi libellé, ne veut plus dire grand'chose. La limite des heures de travail varie actuellement selon les pays et les industries, et c'est justement son invariabilité qu'il est question d'édicter. La noble assemblée s'est sans doute trouvée aussi embarrassée, — on le serait à moins, — pour apprécier la « juste mesure » des profits et des salaires, que le cardinal Manning avait recommandée à ses recherches, puisqu'elle n'en a plus soufflé mot. Partout les voix isolées des « non-interventionnistes » n'ont été que petites notes discordantes dans la clameur poussée à l'unisson par la masse des congressistes, venus tout exprès pour « améliorer la situation des travailleurs, » et qui ne voulaient pas faire chou blanc. Au congrès des jurisconsultes d'Angers, M. Freppel a prononcé un très sage discours où il a plaisanté, avec tout le respect qui leur est dû, le socialisme chrétien et ses représentants les plus mitrés ; mais, à ce même congrès, M. de Bernaert s'exprimait ainsi au sujet du chômage : « Pour le chômage, il provient le plus souvent de la surproduction, et ce phénomène économique peut lui-même avoir deux causes : l'ignorance de l'état du marché ou l'intention de ruiner les concurrents. Dans le premier cas, que l'État intervienne pour fournir des *informations* (et comment le pourra-t-il plus que les intéressés eux-mêmes, qui s'y sont trompés ?). Dans le second, qu'il intervienne plus activement encore pour punir *les coupables...* » Quels coupables veut-on punir ici, et quel crime est-ce donc de chercher à vendre meilleur marché que ses concurrents ? A qui cette concurrence profite-t-elle, sinon au public, dont les ouvriers font partie ? Quand on est « dans les affaires, » selon l'expression usitée, que l'on risque comme patron son argent, sans parler de sa peine, afin d'augmenter son revenu ou de se créer un capital, on opère de son mieux pour réussir, selon la loyauté du commerce ou de l'industrie ; mais on n'entend pas se préoccuper de savoir si un autre commerçant ou un autre industriel, dans votre ville ou dans une ville voisine, à plus forte raison dans un pays éloigné, éprouvera un préjudice quelconque de vos agissements. On ne peut pas non plus se creuser la tête pour savoir si les ouvriers que l'on emploie ont tout ce qu'il faut pour vivre passablement ; on les associe à son entreprise par cette participation garantie que l'on nomme le salaire, — car c'est une véritable participation, librement consentie de part et d'autre, que le salaire fixe, quoi que les socialistes en puissent dire, — et l'on tâche de ne pas se ruiner ou s'appauvrir, ce qui n'est pas à la portée de tout le monde. De même, quand on est ouvrier, qu'on ne doit compter que sur ses deux bras pour se nourrir et élever sa famille, on tâche de gagner le salaire le plus haut auquel on puisse atteindre ; on se montre aussi exigeant que possible, et c'est justice. On ne saurait se demander sans cesse si, en obtenant une augmentation de 0 fr. 50 ou de 0 fr. 75 par jour, on ne va pas priver le patron d'un bénéfice légitime, ou lui supprimer tout bénéfice, ou même faire travailler l'usine à perte et amener la faillite de la maison.

Ce qui arrivera, au fait, personne n'en sait rien et n'en peut rien savoir ; cela dépend d'une infinité de circonstances, dont la plupart sont indépendantes à la fois de la volonté du patron et de celle de ses ouvriers, de la situation des industries qui vous fournissent et de celles que vous fournissez, d'une hausse ou d'une baisse de la matière première, d'une concurrence qui surgit ou disparaît, de cent mille raisons qui dominent l'industrie et le commerce tout entiers, qui font leurs angoisses, leurs triomphes et leurs revers imprévus. Aussi devra-t-on sourire, quand on entendra l'évêque auxiliaire de Cologne expliquer que « le problème social, c'est le rapport entre patron et ouvriers réglé selon la morale chrétienne, selon les préceptes de justice et de charité. » Ce sont là des conseils qui ont leur place dans une homélie, ce ne peuvent être les articles précis d'un code.

Section IV

Les socialistes-collectivistes demandent à l'État à peu près la même chose que les socialistes-chrétiens, produisent les mêmes arguments, étalent les mêmes sophismes, et finalement font preuve de la même ignorance, ou, si l'on veut, de la même naïveté. Le compagnon Deleuze, au congrès ouvrier de Calais, croit, comme le prélat Bernaert, au congrès d'Angers, que l'État peut et doit prévenir la surproduction. Le fond est le même ; ici une phraséologie révolutionnaire, au lieu d'une phraséologie dévote, sert de sauce. A Liège, on souhaite le rétablissement du pouvoir temporel, et à Calais l'anéantissement du bourgeois. Ici et là on a l'air de croire que le paupérisme augmente, tandis qu'au contraire il diminue, et que tout va de mal en pis, tandis qu'il suffit d'ouvrir les yeux pour voir que des progrès immenses ont été réalisés depuis cinquante ans en Europe. On a donné lecture, cet automne, à Calais, de la réponse d'un certain nombre, — on n'en a pas dit le chiffre, — de syndicats professionnels, à un questionnaire qu'on leur avait adressé sur les divers points que le congrès national devait discuter.

Voici quelques échantillons des réponses : « Quelles sont les causes qui ont rendu mauvaise la situation de votre corporation ? — Le *machinisme.* » (!) « La durée de la journée a-t-elle diminué dans votre corporation ? — La durée du travail a augmenté, mais le taux des salaires *est resté le même.* » Il y a des exceptions à toutes les règles, mais le congrès n'aurait peut-être pas mal fait de donner au public la liste des corporations auxquelles le *machinisme* a fait du tort, et surtout de celles où le salaire est resté stationnaire, tandis que la journée augmentait. Comme c'est précisément, quatre-vingt-dix-neuf fois sur cent, le contraire qui est vrai, il serait curieux de savoir les noms de ces professions singulières, qui ont marché depuis quarante ans à rebours de toutes les autres.

Les correspondants ont, du reste, plus d'une lueur de bon sens. A cette interrogation : « Êtes-vous partisans de la grève générale ? — Unanimement, répondent-ils, mais *on a demandé quelle soit possible. —* Croyez-vous qu'on doive renouveler la manifestation du 1ᵉʳ mai, à cette date ou à une autre, et qu'on doive maintenir ou changer la nature de la manifestation ? — Oui, unanimement, le 1ᵉʳ mai, comme date de la manifestation, et la majorité *demande qu'elle soit pacifique* comme l'an dernier. » Le congrès lui-même a paru moins sage que ses correspondants, en souhaitant « que la manifestation de 1891 soit *moins pacifique* que celle de 1890, » et les résolutions qu'il a votées ne sont pas dépourvues de quelque audace. Tandis que les *trades-unions*, réunies à la même heure à Liverpool en assemblée plénière, se bornaient à « inviter leur comité parlementaire à prendre immédiatement les mesures nécessaires pour obtenir, par un acte législatif, la réduction des heures de travail, dans tous les métiers, à huit par jour, avec un jour de repos par semaine ; » que cette motion, vivement combattue « comme un acte de lâcheté et d'abdication morale des ouvriers, » par le représentant des mineurs du Northumberland, n'était votée qu'à la majorité de 6 voix seulement (181 contre 175), nos compatriotes, au congrès de Calais, agrémentaient ce premier vote d'une poignée d'autres décisions, au moins aussi chimériques : égalité des salaires pour les deux sexes, suppression du droit de marchandage, des règlements d'atelier avec amendes, interdiction aux patrons d'employer des ouvriers étrangers *à un taux de salaire inférieur* à celui réclamé par les ouvriers français, entretien des enfants et des vieillards par l'État, etc.

Ces ordres de la classe ouvrière, ou du moins d'une fraction de cette classe, — comme on le verra plus loin, il n'y a parmi elle aucune majorité sur ces divers points, même sur la durée maxima de la journée de travail, — nos députés socialistes se sont chargés de les transmettre à la nation sous forme de projets de loi qu'ils ont déposés à la chambre. Le moment semble venu à MM. Ferroul, Cluseret, Millerand et quelques-uns de leurs collègues d'extrême gauche, de légiférer selon les vrais principes collectivistes. Tout leur programme tient en quelques lignes : limitation de la journée de travail à un maximum de huit heures pour les adultes, interdiction du travail au-dessous de quatorze ans, et, de quatorze à dix-huit ans, réduction de la journée à six heures pour les deux sexes ; suppression du travail de nuit, *sauf pour certaines industries dont la nature exige un fonctionnement ininterrompu* ; repos de trente-six heures au moins par semaine pour tous les travailleurs indistinctement. Toute infraction serait punie d'une amende de 500 à 1,000 francs. En cas de récidive, l'employeur contrevenant sera passible d'un emprisonnement de quinze jours à un mois. Et afin d'assurer la loyale exécution des dispositions qui précèdent, création d'un corps de fonctionnaires rétribués par l'État, pour la surveillance de tous les ateliers et établissements industriels, « y compris l'industrie domestique ; » c'est-à-dire que les agents de l'État auront le droit de violer le domicile privé, d'entrer dans le for intérieur du logis ouvrier, — chose que les anciens despotes avaient à peine osé, — pour s'assurer que nul ne travaille en dehors des heures réglementaires. Car il est probable qu'il y aura des heures réglementaires, que l'on ne pourra prendre l'outil en main avant le signal du matin, et qu'on devra l'abandonner au coup de cloche ou au roulement de tambour du soir. Ce socialisme a toujours un furieux relent de caserne ou de cloître.

Tout cela, d'ailleurs, n'est, paraît-il, qu'un commencement, « un minimum de protection à laquelle les ouvriers ont droit. » Plus tard on fera un pas nouveau dans cette route. Je ne m'occuperai ici ni du futur *ministère du travail*, sorti parachevé et sans qu'il y manque une écritoire ni un garçon de bureau, du cerveau de M. Raspail, ni de la proposition de M. Barodet, qui tend à « donner l'atelier à celui qui travaille et la terre à celui qui la cultive. » M. Barodet paraît croire que « la terre au laboureur » est la dernière formule du progrès, tandis que l'histoire, notre histoire de France, lui apprendrait que cet état fut au contraire la première étape de la société dans la voie de la civilisation, qu'elle est dans le passé et non dans l'avenir. Il fut un temps où la terre française a appartenu presque tout entière aux laboureurs labourant, — au lendemain de l'abolition du servage, — seulement les uns se sont enrichis, et sont devenus des bourgeois et des nobles, les autres se sont ruinés et sont devenus des valets de ferme et des ouvriers. Ce socialisme patriarcal a également été appliqué à l'industrie : en Prusse, jusqu'aux environs de 1860, où elles ont disparu comme n'étant plus en rapport avec les exigences de la technique moderne, certaines associations de travailleurs, connues sous le nom de *knappschaften*, étaient maîtresses de la mine qu'elles exploitaient. Leurs membres se succédaient les uns aux autres par l'hérédité. C'était, semble-t-il, dans toute la force du terme, « la mine aux mineurs. » Eh bien, non ! Un assez grand nombre d'intéressés avaient réussi, dans le cours des siècles, à se soustraire à l'obligation de travailler à la mine, tout en continuant de participer aux profits de son exploitation. Il leur suffisait pour cela d'entretenir un remplaçant qu'ils faisaient agréer par la communauté. C'est ce qui est arrivé toutes les fois qu'une affaire de ce genre a bien réussi ; les premiers venus ont passé la main à d'autres en réalisant leurs bénéfices. C'est ce qu'on voyait sous le régime des corporations, où de riches bourgeois étaient investis du titre de M bouchers de la grande boucherie de Paris, » et touchaient les profits de ce monopole qu'ils avaient hérité de leurs pères sans avoir jamais exercé eux-mêmes autrement que par suppléants. Combien de fois aussi de semblables entreprises, ne réussissant qu'à végéter faute de fonds, ne peuvent payer à leurs ouvriers, qui sont en même temps leurs actionnaires, que des dividendes intérieurs au salaire qu'ils recevraient dans une usine appartenant à un patron unique !

Les esprits les plus sensés du parlement, qui ne peuvent se faire d'illusion sur les espérances généreuses et folles qui leur sont soumises, sur l'impossibilité où l'on est de les réaliser et sur le danger qu'il y aurait à essayer même cette réalisation, n'ont pas le courage d'en proposer l'enterrement pur et simple. On commence par jeter en pâture à l'opinion publique la loi sur le travail des enfants et des femmes : « Les raisons économiques, disait dans son discours de rentrée M. l'avocat-général Sarrut, qui influent sur la réduction des heures de travail (développement des procédés mécaniques, accroissement de la production, aggravation des risques et des prédispositions morbides), si graves soient-elles, passent au second plan pour le magistrat, que frappe surtout cette considération morale : un séjour trop prolongé à l'usine, à l'atelier, supprime la vie de famille. »

La vie de famille, c'est évidemment une belle chose, une chose enviable et tout à fait digne d'encouragement, comme la journée de huit heures, non-seulement pour les femmes et les adultes, mais pour les hommes aussi. Toutefois, avant de vivre en famille, il faut vivre, et c'est de quoi le législateur ne s'occupe pas. Ces adultes et ces femmes, qui vont aujourd'hui travailler à l'usine, le font de leur pleine et entière volonté ; personne ne les force de s'y rendre, personne ne les contraint d'y demeurer un certain nombre d'heures plutôt qu'un certain autre. Cela n'a été réglé par aucune loi, cela pourrait cesser demain sans qu'aucune loi s'en mêlât si les salaires augmentaient suffisamment. Dans l'état actuel, chacune de ces familles sait qu'en diminuant son labeur elle diminuera son bien-être, qu'elle se verra privée peut-être d'une portion de son nécessaire, qu'une heure de moins de travail, c'est une livre de pain, que deux heures de moins, c'est une demi-livre de viande qu'il faudra retrancher.

Toute entrave apportée au travail des femmes et des jeunes gens n'est pas autre chose qu'une prime au célibat pour les mâles, qu'une atteinte au mariage et, par conséquent, à l'extension de la population, puisque le concubinage est bien moins fécond que le mariage, et que la mortalité des enfants naturels est bien plus grande que celle des légitimes. Cependant l'extension de la population préoccupe, je crois, beaucoup, beaucoup plus même que de raison, la plupart de nos hommes politiques. Il est évident que la situation pécuniaire de l'ouvrier garçon est, d'ores et déjà, bien meilleure, même sous le régime de ce travail des épouses et des enfants contre lequel on veut réagir, que la situation de l'ouvrier marié et père de famille, chargé de bouches à nourrir. Le mariage, par suite, est déjà un luxe. Ce luxe, on veut le rendre plus grand encore : moins la femme travaillera, moins elle sera en mesure de gagner le supplément de dépenses qu'elle représente pour le mari, de contribuer au besoin aux frais occasionnés par la progéniture, plus il deviendra onéreux à l'ouvrier de se payer une compagne régulière. Que devient alors cette moralité si précieuse à nos jurisconsultes ? Cette vie de famille, que l'on voudrait développer, ne va-t-on pas contribuer à en tarir la source dans les villes ?

Au surplus, ne nous inquiétons pas. Ces lois que l'on a votées au parlement en grande pompe, elles ne seront pas exécutées, elles ne peuvent pas l'être. Il n'est pas ici question de savoir si nos représentants ont *le droit* de les faire, et notre gouvernement celui de les appliquer. Le droit, nous font observer les moins entichés de socialisme, il l'a, c'est incontestable ; du moins il « doit l'avoir, » comme on dit dans *les Saltimbanques*, puisqu'il l'a pris ; puisqu'un décret du gouvernement provisoire de 1848 a fixé à un maximum de douze heures de travail effectif la journée de l'ouvrier dans les usines et manufactures. A cette époque, il y eut, comme de nos jours, une belle poussée de revendications sociales par la voie du journal, de l'affiche et de la tribune. Des pancartes et des députations où les femmes étaient en majorité, demandaient le « droit au travail, l'impôt progressif et la *journée de dix heures.* » Comme on le voit, la génération précédente était moins exigeante que la nôtre. Pour donner jusqu'à un certain point satisfaction à ces vœux, la loi de 1848 vit le jour. C'était une belle loi, qui fut couchée toute neuve dans *le Bulletin de la République*, et s'y endormit aussitôt pendant trente-cinq ans. Quand on la réveilla, en 1883, pour l'inviter à faire son service, le progrès avait marché, les salaires augmenté, la durée de la journée moyenne diminué, et le chiffre de douze heures était déjà rarement atteint. La fixation du maximum de douze heures, pour les usines et manufactures, contenait, d'ailleurs, cette clause que « des règlements d'administration publique prendraient soin de déterminer *les exceptions qu'il serait nécessaire d'apporter* à cette disposition générale, à raison de la nature des industries ou des causes de force majeure. » Et cette exception rassurante devant s'appliquer à toutes les industries où l'on travaillait plus de douze heures, la prescription légale pouvait se formuler à peu près ainsi : « Il est absolument défendu de travailler plus de douze heures, sauf dans les endroits où l'on désire travailler davantage. » Ces endroits, sous le régime de la liberté, et grâce aux découvertes quotidiennes de la science, sont eux-mêmes devenus assez rares. Il se trouve que cette journée de dix heures, qu'il y a moins d'un demi-siècle les prolétaires entrevoyaient comme un rêve, et que les bourgeois considéraient sans doute comme une menace, est presque l'état normal, la réalité présente : 72 pour 100 des ouvriers travaillent aujourd'hui dix heures, ou moins de dix heures, 18 pour 100 travaillent onze heures, 10 pour 100 seulement travaillent douze heures ou plus.

La loi qui a édicté le maximum de douze heures de travail, avec des exceptions nécessaires, se trouve être ainsi conforme à notre organisation industrielle ; elle est aussi peu tyrannique qu'une loi qui obligerait demain, sous peine d'amende, tous les citoyens français à manger une fois au moins par vingt-quatre heures. On n'en peut dire autant de la loi de 1874, sur le travail des enfants dans les manufactures. Celle-ci n'est observée que dans la mesure des convenances particulières de chacun ; les inspecteurs sont unanimes à le constater : cette loi a pour elle l'appui moral des hygiénistes, des moralistes, des économistes et des législateurs, de tout le monde enfin,.. sauf des familles ouvrières qu'elle intéresse et qui se trouvent *dans la nécessité de la violer*, de demander l'entrée de leurs enfants dans les usines au-dessous de l'âge réglementaire, comme le montre l'expérience de tous les jours. On objecte qu'ils s'anémient et s'étiolent ; préfère-t-on qu'ils meurent de faim faute de nourriture, ou de froid faute de vêtements ? Ces enfants qui peinent trop jeunes, ces adultes qui peinent trop longtemps, ce sont les moins fortunés dans la classe ouvrière, des pauvres parmi les pauvres, les orphelins, les fils des veuves, les fruits trop nombreux d'une union exagérément bénie. Il faut s'entendre : les uns veulent que les femmes françaises fassent beaucoup d'enfants ; les autres craignent que ces enfants ne se perdent par l'oisiveté qui amène la criminalité précoce ; et les autres s'inquiètent de ce que ces mêmes enfants peuvent être contraints de trop travailler.

Section V

Il faudrait s'entendre aussi sur le sens de ce mot « travail », et de ce mot « ouvrier. » Ce sont des expressions génériques qui embrassent mille espèces très différentes. C'est ce que les partisans de la journée de huit heures ne paraissent pas envisager. Appellera-t-on travail toute occupation, tout emploi ; celui d'un garçon de bureau consistant à rester assis dans une antichambre, celui d'un employé fumant sa pipe derrière un guichet où il doit répondre au public. Ne donnera-t-on le nom de travail qu'aux œuvres purement manuelles ? Mais celles-là même comportent des temps d'arrêt qui font partie de la journée totale : les hommes de peine qui chargent des fardeaux ont des intervalles de repos plus ou moins longs, le facteur rural qui marche par tous les temps se réchauffe ou se rafraîchit, selon les saisons, pendant quelque demi-heure par-ci par-là, en buvant le verre qu'on lui offre ; il n'est pas jusqu'au terrassier qui, appuyé sur sa pioche, ne fasse un petit bout de causette avec un camarade. Dans les manufactures où la machine fonctionne sans interruption, le rôle de beaucoup d'ouvriers consiste à la surveiller, immobiles, ou à remuer de loin en loin le bras, les doigts pour lui fournir de l'aliment.

La même besogne peut demander plus ou moins d'efforts : tel mécanicien-monteur vous dira que, selon qu'il travaille à l'heure ou aux pièces, qu'il se contente de « remplir sa journée, » ou qu'il a à cœur d'abattre de l'ouvrage, il manœuvrera sa lime avec une activité bien différente. Ce sera toujours le même homme et la même lime, seulement la somme de fatigue ne sera pas la même dans les deux cas. C'est l'histoire de cet orchestre de théâtre dont le directeur avait réduit les appointements : les musiciens, en représailles, avaient réduit le son ; ils s'étaient entendus pour « jouer à la muette ; » les cordes murmuraient, les cuivres soupiraient, on ne pouvait pas dire qu'ils ne jouaient pas, mais à une petite distance on n'entendait rien. En présence des degrés infinis dans le déploiement de la force ou de l'adresse physique, dans la contention d'esprit qu'exigent les multiples travaux humains, on conçoit que huit heures soient trop longues ou trop courtes. L'usage, c'est-à-dire la commune volonté, a décidé de tout cela, il assigne à chacun la journée qui convient à ses forces.

Les travaux les plus faciles sont les moins rétribués, parce que beaucoup de gens s'offrent à les faire ; comme ces travaux sont peu rétribués, il faut que ceux qui les font s'y livrent pendant un grand nombre d'heures pour que le total de la journée leur fournisse de quoi vivre ; mais, précisément parce que ces travaux sont faciles, on peut y consacrer beaucoup de temps sans en être autrement exténué. Dans toute l'Europe, les ouvriers qui gagnent le moins à l'heure sont aussi ceux qui travaillent le plus d'heures chaque jour. Les variations de la durée des journées de travail ne sont rien, du reste, auprès des variations du salaire ; et pendant qu'ils y étaient, les inventeurs des a Trois-Huit » ont eu tort de se borner à demander une durée uniforme de travail dans le monde entier, — on sait que l'Amérique fait cause commune avec le vieux continent ; — ils auraient dû demander l'égalité du salaire dans tous les pays, avec l'égalité du prix de la vie, bien entendu, pour que la justice fût parfaite.

En effet, la journée uniforme de huit heures, sans l'uniformité du salaire, c'est une affreuse duperie. Loin de contribuer à uniformiser la condition des ouvriers, elle accroîtrait singulièrement les inégalités qui existent entre eux au point de vue pécuniaire. Aujourd'hui, les ouvriers peu payés arrivent à gagner à peu près assez, en travaillant davantage. Le jour où ils ne le pourraient plus, ils devraient se résigner à être encore plus mal nourris, plus mal vêtus, plus mal logés, et la distance augmenterait encore entre eux et leurs camarades des métiers aristocratiques. Combien elle est déjà grande, cette distance ! il y a des pays, je ne dis pas dans le monde, mais simplement en Europe, où l'ouvrier travaille du matin au soir, sans se plaindre, pour gagner ce qu'un de nos ouvriers parisiens dépensera après son dîner au café-concert. Et non-seulement d'un pays à l'autre, mais dans le même pays, dans chaque province de ce pays, que ce soit la France, ou l'Allemagne, ou l'Autriche, dans chaque ville, il y a des variations du simple au triple, au quintuple, au décuple, dans les salaires ; il y a des ouvriers qui gagnent plus en une heure que d'autres en une journée, selon les métiers, selon les sexes ; et dans chaque métier, dans chaque fabrique, dans chaque atelier, il y a une échelle correspondante selon la capacité individuelle et l'emploi spécial de chaque individu. Or, il n'y a dans chaque ville qu'un prix, ou à peu près, pour la farine, la viande et le vin commun, le lait, les œufs, le charbon ; on se serre donc plus ou moins le ventre. Oui, vraiment, il y a une plèbe et une aristocratie ouvrières ! Que ne nous propose-t-on d'abolir tout cela ?

Deux membres du gouvernement ont remarqué que, dans les discussions de ce genre, les partis se jetaient à la tête beaucoup plus d'idées que de faits. Pour éclairer le débat et donner aux arguments une base plus solide, le ministre du commerce a institué la commission du travail, qui a recueilli les témoignages des ouvriers ; le ministre des affaires étrangères a demandé à nos ambassadeurs des rapports sur « les conditions du travail » dans les diverses nations du monde industriel. Ces rapports et ces témoignages sont fort instructifs.

Nous voyons que les salaires des hommes varient de 2 à 8 francs par jour dans le nord de l'Espagne, de 1 fr. 25 à 10 francs en Prusse, de 0 fr. 95 à 12 francs en Autriche. Ces salaires ne se proportionnent pas du tout au prix de la vie. La soi-disant « loi d'airain » de Lassalle, — « loi de caoutchouc, » devrait-on la nommer plutôt, — est un colossal mensonge. Toutes les études précises que l'on fera, aussi bien pour la France des temps passés que pour l'Europe du temps présent, le démontreront avec évidence. Dans l'intérieur de la France de 1891, les hauts et les bas des salaires ne sont nullement en rapport avec les hauts et les bas des denrées. La vie est plus chère à Paris qu'au Havre, beaucoup de salaires pourtant sont plus élevés au Havre qu'à Paris. Entre Paris et la province en général, la différence de paie des ouvriers ne correspond pas à la cherté plus grande de la vie dans la capitale, mais à une habileté plus consommée du compagnon parisien. La preuve, c'est que l'écart n'est pas le même, entre la province et Paris, selon les salaires de chaque profession, tandis que les prix des denrées et des loyers sont les mêmes pour un terrassier ou pour un peintre en bâtiment ; or, le terrassier de province gagne 2 fr. 70, et le terrassier de Paris gagne 4 fr. 50, soit un supplément de 1 fr. 80, tandis que le peintre de province gagne 3 fr. 40 et celui de Paris 6 fr. 25, soit 2 fr. 85 d'écart, desquels une partie seulement peut être considérée comme correspondant à une indemnité de séjour, tandis que l'autre est le prix de la sélection qui amène au centre les individus les plus capables.

D'autre part, les journées les mieux rétribuées ne constituent pas toujours les gains annuels les plus avantageux. Il y a les chômages, auxquels les « huit-heuristes » ne paraissent pas songer dans leur projet, chômages provenant de la saison pour les corps d'état du bâtiment et autres, obligés de plier devant les intempéries, à moins que la loi ne supprime ces intempéries, chômages provenant de la nature des industries ou des commerces, qui procèdent par bonds dont on n'est pas maître : métiers de luxe, marins, etc. Il y a, en revanche, des coups de collier ; des compensations s'établissent entre les diverses époques de l'année et les divers jours de la semaine. On ne parle pas ici du chômage volontaire des capricieux, qui font de longues séances quand il leur plaît, mais qui s'abstiennent de l'atelier plus souvent que le dimanche. Que l'ouvrier de grande ville qui travaille régulièrement ses six jours par semaine lève la main, il n'en est guère ! Empêcherez-vous ceux-là de se rattraper ? Dans chaque métier, les salaires subissent de notables fluctuations, résultant de l'offre et de la demande dont on n'avait pas encore décrété l'abolition : tantôt c'est l'abondance ou la rareté de la main-d'œuvre qui agit, comme pour les typographes qui, après avoir touché pendant la première moitié de ce siècle plus du double des autres ouvriers, à l'époque du développement de la presse, sont demeurés ensuite immobiles aux anciens taux. A Copenhague, les imprimeurs sont encore payés jusqu'à 12 francs par jour, les orfèvres et les selliers jusqu'à 12 fr. 60 ; et pourtant la moyenne des salaires, dans la capitale du petit royaume de Danemark, n'est guère que de 3 fr. 25 par jour. A Amsterdam, après la découverte des mines de diamants de l'Afrique australe, le nombre des ouvriers disponibles n'étant plus en proportion avec la quantité de matière brute à travailler, les salaires furent en quelques années portés au quadruple de ce qu'ils étaient auparavant ; ils montèrent à 150, à 175 francs par semaine (25 à 30 fr. par jour). Naturellement ils ont diminué depuis.

Tantôt c'est la prospérité ou la crise de l'industrie à laquelle ils sont attachés, le renchérissement ou la baisse de ses produits, dont les ouvriers éprouvent les effets sous forme de grossissement ou d'amincissement de la paie annuelle. En Belgique, le salaire moyen (homme, femme ou enfant) a été, dans les mines, de 869 francs en 1889, soit 54 francs de plus qu'en 1887 et 86 francs de plus qu'en 1886. Le malaise, qui durait depuis plusieurs années, a cessé par la hausse des charbons ; mais la hausse des charbons a fait du mal à d'autres. On se plaint que la rémunération du travail hausse dans une mesure beaucoup moindre que le profit du capital. Certes, mais la rémunération du travail avait aussi baissé beaucoup moins. Les actions d'un de nos plus grands charbonnages, les « deniers » d'Anzin, après avoir valu jusqu'à 1,200,000 francs et avoir donné jusqu'à 40,000 francs de dividende, sont tombés au huitième de ce dernier chiffre, à 5,000 francs de revenu annuel et à 150,000 francs en capital. S'ils valent aujourd'hui 500,000 fr., tant mieux pour leurs anciens propriétaires ; mais ceux qui les ont achetés aux plus hauts cours, il y a seize ans, sont médiocrement enviables.

Parmi tous les moyens d'augmenter les salaires, et c'est en somme ce qu'espèrent les ouvriers par la journée de huit heures, — s'ils savaient d'avance qu'ils visent à les diminuer, ils se dégoûteraient promptement de ce joujou-là, — la participation aux bénéfices est, au premier coup d'œil, un des plus séduisants, et au second, un des moins praticables, à moins de se renfermer dans le rôle qui lui convient d'appoint modeste du salaire. Si le capital ne prêtait pas au travail le secours de son élasticité presque infinie, puisqu'il se trouve bien souvent plusieurs couches, ou de capitalistes téméraires, pour reprendre et recommencer deux ou trois fois de suite une entreprise qui, à chaque essai, avant le succès final, quand on l'obtient, engloutit des millions, ou de capitalistes patients et tenaces, qui attendent pendant des dizaines d'années le premier centime d'intérêt de l'argent qu'ils ont engagé, les ouvriers se trouveraient la moitié du temps sans ouvrage, parce que les manufactures ne pourraient, ni supporter de pertes, ni supporter même l'absence de gains, ni même être créées sans un capital préexistant. Pour que le travail pût se passer du capital, il faudrait que les ouvriers fussent en même temps capitalistes, ce que les plus habiles d'entre eux deviennent chaque jour ; mais alors ils cessent d'être ouvriers. Les personnes changent, mais la situation ne varie pas. C'est une banalité qu'il semble oiseux de redire, qu'aucune force humaine n'organisera jamais un état de choses où le capital ferait part au travail de toutes les bonnes chances, et se réserverait à lui seul toutes les mauvaises.

Ce qu'une loi serait impuissante à obtenir, le progrès de la richesse publique, la concurrence des capitaux, suffira jusqu'à un certain point à le réaliser, par la baisse du taux de l'intérêt, qui diminue peu à peu la part du capitaliste et augmente d'autant celle du travailleur. Pour augmenter plus rapidement cette part, d'autres moyens ont été préconisés et employés, sous le régime de la liberté actuelle : les paiements à la tâche, les grèves. Le premier a donné souvent des résultats contraires à ceux que l'on en attendait. « Il s'est produit, disait l'année dernière le congrès ouvrier de Stockholm, entre les hommes payés à la tâche une concurrence involontaire qui a eu pour résultat d'avilir le prix de la main-d'œuvre. A présent les forfaits sont tellement bas que les ouvriers ne peuvent plus gagner leur vie qu'avec un excès de travail. » Le congrès suédois s'est donc prononcé contre ce mode de rémunération. Les grèves ont donné des résultats meilleurs : en France, d'après les statistiques des dernières années, il y en a eu de 100 à 150 par an, d'importance très diverse, causées soit par des demandes d'augmentation, soit par des refus de diminution de salaires. Une sur trois a réussi complètement, ou s'est terminée par une transaction qui peut être considérée comme un succès partiel.

L'exercice du droit de coalition qui, depuis vingt-cinq ans chez nous, a fait ses preuves, est par conséquent utile et avantageux au prolétaire, soit pour attaquer, soit pour se défendre. Il est loin cependant, comme on le voit, d'être d'un usage infaillible ; quoique ceux qui y ont recours soient des hommes du métier, ayant quelque connaissance des ressources de l'affaire dont ils sont un des rouages, et qu'ils aient soin, en général, de choisir pour leurs revendications le moment qu'ils estiment le plus favorable. Croit-on qu'un législateur qui opérerait en bloc, sur toutes les industries, serait plus habile qu'eux ? Encore ces améliorations de traitement, obtenues sous une pression quelque peu violente, sont-elles parfois éphémères : celles qui ont suivi les grèves gigantesques de Westphalie, en 1889, ont été annulées, en plus d'un cas, après l'apaisement de la crise. Au contraire, des professions dont les membres n'ont entre eux aucun concert, et n'ont jamais fait entendre aucune réclamation collective, ont vu s'élever leurs rétributions, par la seule action de l' « offre et de la demande » (s'il m'est permis d'employer encore cette expression fâcheuse), plus sûrement et davantage que n'ont pu faire les plus intelligents grévistes : tels sont les ouvriers agricoles, tels surtout les domestiques, ruraux ou bourgeois, depuis cent ans les plus favorisés des salariés, puisque, défrayés de tout, ils ne subissent en rien la hausse des denrées et des foyers, qu'ils profitent au contraire de la baisse du vêtement, et que leurs gages ont triplé. Est-ce un effet de la démocratie et des mœurs, d'un sentiment plus vif de la dignité individuelle, qui déprécie à notre époque le service personnel et restreint le nombre de ceux qui s'offrent à le remplir ? Ou bien le progrès de l'aisance dans les classes moyennes, multipliant le nombre des gens qui peuvent et veulent avoir des serviteurs, en a-t-il démesurément accru la demande ? Nul ne pourrait le dire, pas plus qu'on ne pourrait donner le motif de la proportion qui existe entre la paie de l'heure d'un métier et la paie de l'heure d'un autre métier. Le prix de toutes choses a ses mille causes secrètes, insaisissables, qui agissent dans le silence, se combinent ou se détruisent : concurrence étrangère ou intérieure, facilité ou difficulté de production, de transport, de vente ; et le prix du travail, étant une portion de tous les prix, subit naturellement toutes leurs influences et leur fait sentir à tous la sienne. C'est cet indébrouillable écheveau d'intérêts contraires et associés que le pouvoir législatif prendrait tranquillement dans sa naïve et lourde main, pour le rouler en bobine, sous prétexte d'une loi réglementant le travail et commençant par l'interdire.

Section VI

Car c'est bien d'une interdiction qu'il s'agit. Les vœux des congrès socialistes chrétiens ou socialistes collectivistes, les termes du projet Millerand-Cluseret, sont formels : défense au patron de faire travailler, défense à l'ouvrier de travailler plus de huit heures par jour. En effet, pourquoi réclamerait-on la liberté de ne travailler que huit heures ? Personne n'est actuellement forcé de travailler davantage ; ce n'est pas la « journée de huit heures » facultative, — elle l'est, — mais obligatoire, que l'on veut. « Si l'année prochaine on ne nous donne pas les huit heures, a dit M. Roussel, président du congrès de Calais, nous les prendrons. » Qu'à cela ne tienne, citoyen Roussel, ces huit heures sont à vous, comme toutes les autres heures de la journée, et rien ne vous empêche de les « prendre, » ou pour mieux dire de laisser le surplus de la journée ordinaire de travail, devons abstenir de passer à l'atelier, à l'usine, à la mine, plus de huit heures sur vingt-quatre, vous et tous les autres ouvriers de France, d'Europe, du monde entier. Ce n'est pas cela, répondront ces messieurs ; cette abstinence, nous voulons qu'elle soit inscrite dans le code, qu'elle soit le résultat, non de notre libre volonté, mais d'une contrainte. Et les meneurs se groupent, s'agitent, menaçants, pour obtenir du parlement qu'ils les prive d'un droit que jusqu'ici on nous avait représenté comme l'un des plus nobles de l'homme, celui de disposer de lui-même.

Ce dut être à un sentiment analogue qu'obéissaient ces misérables des temps mérovingiens, qui se faisaient spontanément serfs de quelque couvent ou de quelque leude pour obtenir leur protection. Mais de quelle utilité pourra bien être la protection de l'État, notre moderne seigneur, à ceux qui sollicitent ainsi de lui l'admission à un servage partiel ? A faire augmenter leurs salaires ? Nous allons voir ce qu'il en adviendrait, et comment, pour réduire législativement la journée de travail à huit heures, sans faire de tort aux ouvriers eux-mêmes, il faudrait renouveler le miracle évangélique des pains et des poissons.

Pratiquement d'ailleurs, à qui s'appliquerait la loi ? Nous sommes en France 37 millions et demi d'âmes, sur lesquelles 500,000 environ appartiennent à la rubrique « propriétaires ou rentiers, » autrement dit vivent exclusivement de leur revenu. Les 37 millions d'autres vivent donc en partie de leur travail. Mais il faut déduire les gens exerçant des professions libérales, les marchands au détail, hôteliers, etc., au nombre de près de 3 millions, les marins qui sont un million, tout le personnel agricole, qui comprend 16 millions d'âmes, les 2 millions et demi de domestiques, mâles et femelles, etc. Après avoir défalqué tous ceux dont le travail ne peut bonnement être réglementé par aucune loi, il reste 3,150,000 ouvriers de la grande industrie (usines et mines), y compris bien entendu leurs familles, 6 millions d'ouvriers de la petite industrie et 300,000 individus composant le personnel des chemins de fer ; soit en totalité 9 millions et demi de têtes, c'est-à-dire le quart de la population. De ce quart on doit retrancher : ceux qui déjà ne travaillent que 8 heures ; ceux qui travaillent à l'heure, avec la faculté de faire chaque jour plus ou moins d'heures à leur gré c'est le cas dans beaucoup d'usines ; ceux qui travaillent (ou qui travailleraient) à la tâche, chiffre énorme, aussi bien dans la grande industrie, y compris les mines, que dans la petite, où il atteint peut-être la moitié du total. Il ne resterait pas 4 millions d'hommes auxquels pût s'appliquer la nouvelle loi. Le projet paraît s'effriter quand on le creuse, se dénuer d'arguments à mesure qu'on le serre de plus près.

C'est aussi le cas des restrictions que l'on voudrait apporter au travail de nuit, regardé par les badauds comme un abus insupportable. Tous les travaux de nuit, actuellement existants, sont nécessaires, utiles, ou tout au moins agréables à la masse de la société, société dont les prolétaires composent plus des quatre cinquièmes. On n'a pas idée, je pense, de supprimer le travail de nuit des chemins de fer, des postes, des gendarmes et agents de police, des soldats en sentinelle, des douaniers, des infirmiers de l'un et l'autre sexe, non plus que le travail de nuit des veilleurs de mines, d'usines ou de grands magasins, des vidangeurs, des boulangers de grande ville, des imprimeurs de journaux. Et puisque les projets de loi définissent la nuit : la durée comprise entre neuf heures du soir et cinq heures du matin, veut-on interdire le travail nocturne des théâtres, restaurants et cabarets, qui se prolonge beaucoup plus tard que neuf heures, ou celui des halles et du balayage qui commence en été beaucoup plus tôt que cinq heures ? Prétendra-t-on mettre obstacle à la besogne de certains ouvriers qui, pour se rattraper d'une période de chômage, ou pour gagner un peu plus que leurs camarades parce qu'ils ont des charges plus lourdes, empiéteront sur le temps légal du repos ? Non, non, répondra-t-on, ce n'est aucun de ceux-là que l'on vise, ce sont les ouvriers d'usines, esclaves de l'avidité inhumaine des patrons.

Mais, parmi les travailleurs de nuit, les travailleurs purement industriels sont une minorité infime. Leur travail est d'ailleurs volontaire, il est mieux rétribué que celui du jour, à telles enseignes qu'il est des industries où la non-admission au travail nocturne sera infligée comme une punition et une sorte d'amende à de mauvais ouvriers. Puis ces travaux de nuit de certaines forges, de certaines raffineries, verreries ou usines à gaz, le législateur les reconnaît si indispensables, si conformes, non-seulement à l'intérêt des établissements où ils s'exécutent, mais aussi à l'intérêt général des citoyens, — attendu que les obstacles qu'on y apporterait augmenteraient fort les frais de production, et feraient renchérir ainsi, pour tout le monde, des marchandises de première nécessité, — qu'il prévoit d'avance des exceptions en leur faveur. Il arriverait par suite que, si jamais on votait l'interdiction du travail de nuit, cette interdiction s'appliquerait exclusivement aux manufactures où l'on ne travaille que le jour, c'est-à-dire l'immense majorité, et non à aucune de celles où, présentement, le travail marche nuit et jour sans interruption. Ce serait une puérile tartuferie humanitaire.

La réduction légale du travail diurne à un nombre d'heures

déterminé serait une duperie beaucoup plus dangereuse : ou la journée officielle serait égale aux journées *usagères les plus longues*, comme c'est aujourd'hui le cas de la journée de douze heures, autorisées par la loi de 1848 ; ou la loi sera tenue pour lettre morte ; son maximum, qu'il soit de huit, neuf ou dix heures, sera dépassé par tous les ouvriers qui travaillent actuellement plus de huit, neuf ou dix heures, et dans ces deux cas, la réglementation souhaitée semble bien inutile, puisqu'elle ne « réglementationnera » lien du tout. Que si, par miracle, — car c'en serait un, — on parvenait à force de pénalités et de surveillance à rendre une pareille loi applicable, à obliger par exemple *l'universalité des travailleurs*, français, des deux sexes, à ne se livrer que pendant huit heures par jour à la besogne qui les occupe aujourd'hui pendant dix ou onze, la somme du travail fourni annuellement par la nation diminuerait de 20 ou 27 pour 100. On extrairait moins de charbon de la mine, on fabriquerait moins de fer à la forge, on bâtirait moins de maisons (ce qui du reste ne ferait pas baisser les loyers), on cultiverait moins de terres, on ferait circuler moins de trains sur les chemins de fer et moins d'omnibus dans les rues de Paris. La production, en prenant ce mot dans son acception la plus vaste, serait réduite dans la même proportion que le travail. Mais qu'adviendrait-il du taux des salaires et du prix de toutes les marchandises ?

Les partisans des « trois-huit » obligatoires supposent que, le nombre des ouvriers n'augmentant pas, et les besoins de la consommation restant les mêmes, ils continueront à recevoir, pour huit heures de travail, la même paie que pour dix ou onze. Cette première hypothèse ne peut aller sans une seconde, c'est que toutes les nations du globe suivront l'exemple de la France, et réduiront à qui mieux mieux, par les mêmes lois draconiennes, la durée de la journée de travail. Et cela ne suffirait pas encore : la valeur des denrées agricoles, ou les besoins de populations très denses, ou le prix de revient de certaines matières premières, n'étant pas les mêmes dans tous les pays, le raccourcissement de la journée de travail affecterait diversement chacun d'eux ; et il arriverait que tel nous offrirait ses marchandises à moindre prix que nos fabricants ne les sauraient établir, ou même voudrait importer chez nous ses ouvriers. On s'opposerait donc, par des tarifs de douane et par des droits de séjour prohibitifs, à l'entrée des choses ou des gens susceptibles de nous faire concurrence. On irait, s'il le fallait, jusqu'à isoler la France comme une île au milieu de l'océan, quitte à ce que les autres nations agissent de même à notre égard, pour les objets que nous pourrions produire à de meilleures conditions qu'elles. On devrait envisager sans émotion ces éventualités ; certains bons apôtres protectionnistes nous engagent déjà à nous y préparer pour d'autres motifs ; comme judicieusement ils le disent : a Le marché national nous suffit ! »

Voyons donc les Français s'y mouvoir sous le régime paradisiaque des huit heures de labeur : j'admets qu'au début, grâce aux habitudes prises, les besoins de la consommation seront demain ce qu'ils étaient hier, que chacun de nous voudra manger, boire, se vêtir, loger et chauffer de la même manière qu'auparavant, fumer autant de tabac, lire autant de journaux, faire autant de voyages. Au bout de très peu de temps, les changements survenus dans la production auront maté tous ces enragés consommateurs. Chacun sait l'action constante et réciproque que la production et la consommation ont, à l'état libre, l'une sur l'autre. On ne peut dire si c'est la consommation qui règle la production ou la production qui commande la consommation ; porte-t-on plus de souliers parce qu'il en est fabriqué davantage, fabrique-t-on davantage de souliers parce qu'il en est porté plus ? Il est vrai que la production et la consommation s'activent l'une l'autre, que, si l'on porte plus de souliers, c'est qu'il y en a plus, et par conséquent qu'ils sont plus offerts, par suite moins chers, et abordables pour des individus et des catégories sociales qui jusque-là s'en étaient abstenus. Mais tout a une limite, et l'homme n'a que deux pieds à chausser.

Quelquefois c'est la production, quelquefois c'est la consommation qui retarde ; il y a alors disette ou pléthore ; et souvent l'une engendre l'autre, parce qu'on va sans le vouloir d'un extrême à l'autre, de l'excès de confiance à la panique. De là, les sept vaches grasses et les sept vaches maigres de Pharaon, conception tout à fait juste de la marche naturelle des choses, qui mériterait à ce roi égyptien une place honorable parmi les ancêtres de l'économie politique. L'avènement de la journée obligatoire de huit heures nous ferait assister à des phénomènes du même ordre que ceux qui se passent sur le marché libre, mais d'une force et d'une soudaineté incomparables : les besoins de la consommation restant identiques, et la production étant diminuée en moyenne de 25 pour 100, l'ensemble des marchandises, devenues plus rares, hausserait de prix, mais non pas dans la proportion de 25 pour 100. Les unes doubleraient peut-être de valeur, les autres augmenteraient d'une manière presque insensible. Il n'y a, en effet, aucun rapport entre la diminution des marchandises en quantité, et leur augmentation en prix, parce que la consommation ne décroît pas du tout d'une manière correspondante à celle de la production. Pour des denrées de première nécessité, pour le blé par exemple, un déficit de 10 pour 100, dans la récolte, provoquait autrefois une hausse de 20 pour 100 peut-être dans les prix ; un déficit de 30 pour 100 amenait une hausse de 100 pour 100, ou davantage, le tout suivant l'abondance plus ou moins grande des stocks antérieurs. En revanche, un déficit de 50 ou 60 pour 100 dans le rendement d'une année n'était pas suivi d'une augmentation proportionnelle de 250 ou 300 pour 100. Parvenu à un certain chiffre, le blé avait beau manquer presque totalement, il ne montait presque plus parce que les acheteurs faisaient défaut. Un déficit minime ou moyen était suivi d'une cherté relativement grande, parce que le besoin étant général et pressant, personne au début ne voulant réduire sa ration, les consommateurs enchérissaient à qui mieux mieux, et allaient jusqu'à la dernière limite de leurs sacrifices. Au-delà de cette limite, la demande diminuait de plus en plus, non que les besoins fussent moins grands, mais on n'avait plus le moyen de les satisfaire ; on mangeait moins, on mangeait autre chose, ou l'on mourait de faim.

Sous l'influence d'une réduction des heures de travail, qui aurait pour conséquence une diminution de production du blé, comme une diminution de production du fer, des tissus, du charbon, du sucre, de tout enfin, les objets que tout le monde consomme et dont personne ne peut se passer augmenteraient prodigieusement ; par suite, la classe moyenne et pauvre, obligée de consacrer le plus clair de ses ressources aux dépenses dont dépend la conservation de son existence, retrancherait de son budget toutes les consommations de demi-luxe qui constituent son bien-être et auxquelles elle a pu prétendre depuis cinquante ans. Elle se logerait plus mal, se vêtirait moins bien, se meublerait plus succinctement, dirait adieu à toute épargne et surtout à ses plaisirs, si modestes puissent-ils être. Elle aurait, il est vrai, la consolation de dormir ou de se promener davantage, puisqu'elle disposerait de seize heures sur vingt-quatre.

Les industries et les commerces de seconde nécessité ou simplement somptuaires, n'ayant plus que la clientèle des riches, bien peu importante en comparaison de la clientèle des pauvres et des aisés, languiraient et dépériraient. Les salaires y diminueraient, puisque, loin d'avoir besoin de bras, ces branches de l'activité nationale en auraient trop. Leurs ouvriers émigreraient vers les champs, et l'agriculture les emploierait à combler le vide que la réduction des heures de labeur aurait causé dans son personnel. Les familles riches ou demi-riches, celles qui jouissent d'un revenu supérieur à 7,000 ou 8,000 francs (un cinquantième peut-être des familles françaises) souffriraient médiocrement de cet état de choses, parce que leur budget serait assez élastique pour y faire face, ils réduiraient leur train. Mais la classe ouvrière endurerait de cruelles misères ; tout le poids de cette crise, créée en sa faveur par des législateurs animés à son égard des meilleures intentions, retomberait sur elle. Le gain matériel, obtenu par les inventions multiples de ce siècle extraordinaire, qui a trouvé moyen jusqu'ici d'augmenter les salaires réels de 50 pour 100, tout en diminuant la durée de la journée d'un sixième environ, et cela pendant que la population doublait presque, depuis 1790, ce gain serait pour longtemps perdu. Nous aurions tué notre poule aux œufs d'or.

Ce marasme se prolongerait jusqu'au jour où des inventions futures, tout aussi merveilleuses que les précédentes, auraient permis à l'homme de faire en huit heures ce qu'il fait aujourd'hui en dix ou onze. Ce jour bienheureux luira-t-il jamais ? Rien n'empêche de le supposer. Il est clair que le progrès n'est pas indéfini, qu'en aucun temps, proche ou lointain, la rebelle nature ne se laissera dompter au point que le travail disparaisse et que tous les hommes vivent de leurs rentes. Il n'est pas probable non plus, quoique M. Delahaye, délégué ouvrier français, l'ait annoncé l'année dernière à la conférence internationale de Berlin, que « le moment viendra où la journée de travail sera réduite à deux heures. » Mais il est permis d'entrevoir dans l'avenir des réductions naturelles et insensibles de la journée normale, à 10 heures pour ceux qui travaillent 11 heures, à 9 heures ou même à 8 pour ceux qui aujourd'hui en consacrent 10 à leur besogne. Ce peut être le résultat de découvertes nouvelles, qui exigent moins d'efforts pour une production pareille ou même accrue.

Les socialistes mettent la charrue devant les bœufs : ils pensent qu'en réduisant la journée de travail, ils augmenteront les salaires, tandis que c'est le contraire qui est vrai ; c'est par la hausse des salaires que se réduit d'elle-même la journée de travail. Quand les salaires haussent, il se trouve des ouvriers qui préfèrent continuer à travailler autant, afin de gagner davantage ; mais il s'en trouve d'autres qui se contentent de gagner autant et de travailler moins. Affaire de goût et de point de vue individuel. C'est ainsi que la journée s'est raccourcie depuis cinquante ans, et continuera, espérons-le, à se raccourcir d'elle-même. Mais toute la puissance de l'Etat, maniée par les tyrans les plus déterminés, serait incapable de la réduire législativement d'un quart d'heure, sans ruiner ceux qu'elle prétend enrichir.

On me dira que je bâtis ici des hypothèses absurdes, pour avoir le facile plaisir d'en démontrer l'absurdité ; qu'il n'a jamais été question d'appliquer la journée de huit heures à l'ensemble des métiers, des besognes et des emplois auxquels s'adonnent aujourd'hui, pendant un temps plus ou moins long chaque jour, tous les Français qui font ce que l'église chrétienne appelle « œuvre servile, » que c'est mal comprendre la pensée des « réglementateurs » du travail, que cette pensée est beaucoup moins ambitieuse, moins folle si l'on veut, et qu'ils ne prétendent entreprendre que ce qu'ils peuvent réussir. Aussi les lois qu'ils projettent n'embrasseront-elles que la grande industrie : usines, mines et fabriques de toute sorte, tous ces lieux où le prolétaire, entassé par masses, est d'autant plus opprimé qu'il est plus nombreux. Ce genre d'établissements tirent de leur grandeur même une sorte de caractère administratif. Ce sont les seuls que l'État puisse utilement surveiller. L'État sait très bien qu'il ne pourrait pratiquement limiter le travail qui se fait dans l'atelier d'un tailleur ou d'un serrurier, dans la boutique d'un boucher ou d'un coiffeur ; qu'il aurait beau donner à son corps d'inspecteurs l'effectif d'un corps d'armée, il échouerait. S'il pose, en revanche, des bornes à la journée des mineurs, des tisserands, des verriers, c'est seulement qu'ils sont plus à portée de sa main.

Or, ces ouvriers de la grande industrie ne forment, dans la classe des travailleurs, qu'une très faible minorité : trois millions de têtes environ, y compris les femmes et les enfants. De quel droit seraient-ils l'objet d'une faveur si injuste, que celle qu'on voudrait leur faire au détriment des autres salariés ? Ou plutôt quel crime ont-ils commis pour qu'on les gratifie d'un privilège aussi funeste ? Admettons qu'une loi soit votée qui réduise, dans les manufactures, le travail, tant à la journée qu'à la tâche. Pour les tâcherons, le résultat est bien simple : s'ils ne peuvent emporter chez eux la matière à transformer, — ce qui serait difficile à des chercheurs, extrayant la houille au fond de la mine, et en général à tous les métiers manipulant une matière lourde ou encombrante, ou simplement actionnés par un moteur, — ils verront leur paie réduite d'un cinquième ou d'un quart. S'ils travaillent à la journée, à l'heure, leur destinée est encore plus certaine : leurs recettes diminueront dans la même proportion que leur peine. La concurrence de l'ouvrier des autres métiers, qui bûche pendant douze heures, suffira à maintenir entre les salaires des uns et des autres la marge qu'il y aura entre la durée de leurs travaux respectifs. Quant à la production de l'usine, elle diminuera aussi ; par suite, ses produits seront plus chers, mais non pas de 20 ou 25 pour 100, parce qu'on en consommera moins. Aux siècles passés, où le fer était hors de prix, on faisait en bois les charrues et les essieux des charrettes, quitte à les remplacer plus souvent. Il y a trois ans, lors de l'accaparement des cuivres, on a vu comme la cherté de ce métal avait déconcerté et mis en fuite une partie des consommateurs. L'ouvrier d'usine, dont le salaire aurait ainsi baissé, aurait la ressource d'employer, matin et soir, à un autre labeur (non surveillé, celui-là) une partie des heures qui demeureraient vacantes, afin de n'avoir pas trop à souffrir de la sollicitude de ses protecteurs.

Au milieu de l'effervescence et de l'agitation, en partie factices, mais toutefois dangereuses, dont cette question est l'objet, on ne saurait trop admirer la sagesse du très grand nombre des ouvriers qui se sont résolument déclarés hostiles à toute réglementation. Plus du quart des 22,000 réponses que l'on a recueillies dans l'enquête, ouverte depuis dix mois, émanant de syndicats ouvriers ou d'ouvriers isolés de divers corps de métier, repoussent toute limitation des heures. Sur les trois quarts restant, 2 pour 100 sont partisans de journées de 12 ou 11 heures, 35 pour 100 proposent la journée de 10 heures, 6 pour 100 la journée de 9 heures, 7 pour

100 la journée de 8 heures, « avec heures supplémentaires, » ce qui équivaut à demander une augmentation de paie ; enfin 25 pour 100 seulement réclament la pure « journée de huit heures » du programme socialiste. Vous pourrez désormais manifester au 1er mai sur nos places, farouches militants des trois-huit, obséder l'opinion et vous assembler en meetings tumultueux ; on vous connaît, vous n'êtes qu'une faible minorité. C'est une belle leçon que la masse de la classe ouvrière donne aux exagérés du parlement et de la presse. Elle fait grand honneur à sa perspicacité, cette défiance qu'elle manifeste pour la réduction du travail dont on songe à lui faire cadeau.

Section VII

Mais s'il n'est pas possible au législateur d'augmenter artificiellement les recettes des ouvriers, il est du moins en son pouvoir de ne pas augmenter leurs dépenses en élevant le prix de la vie par des droits de douane, que l'on appelle « protecteurs de l'agriculture, » et qui sont tout simplement « protecteurs du revenu des propriétaires fonciers, » ce qui n'est pas la même chose ! Il ne faut pas croire, comme le disent les promoteurs de ces droits, que la classe ouvrière ne souffrirait pas de la hausse du prix de la vie, parce que les salaires « suivent le prix des denrées, » qu'ils s'élèvent et s'abaissent avec elles. Ce n'est pas vrai, nous l'avons dit plus haut ; il n'est guère de sottise plus grande, bien qu'il n'y en ait pas de plus accréditée. Les mouvements des salaires obéissent à de tout autres causes. Ils ont augmenté, depuis cent ans, moitié plus que les denrées en général ; ils auraient augmenté deux fois plus que le blé en particulier, la grande denrée des pauvres, si le blé n'était pas actuellement, en France, au prix factice de 20 francs l'hectolitre, au lieu du prix normal de 15 francs, qu'il ne dépasse pas en Belgique. Car la taxe de 5 francs, au contraire de ce que nous annonçaient les protectionnistes, pèse bien sur nous de tout son poids.

« D'une façon générale, dit notre ministre à Bruxelles, dans son rapport récemment publié, les denrées alimentaires et tous les objets d'une consommation courante sont à bon marché en Belgique. C'est l'une des causes principales de la vigueur de l'industrie dans ce pays. » L'ouvrier belge, qui paie son pain 0 fr. 27 ou sa viande 1 fr. 40 le kilogramme, et dont le salaire moyen est de 3 fr. 10, est certainement plus riche que l'ouvrier français, dont le salaire est de 3 fr. 20, et qui paie son pain 0 fr. 34 ou sa viande 1 fr. 75. L'erreur de ceux qui vont affirmant que les salaires se proportionnent toujours aux denrées repose sur cette idée que l'ouvrier doit toujours avoir « de quoi vivre, » parce qu'autrement il émigrerait ou mourrait. Qu'est-ce à dire ? Qu'entend-on par ces mots : « De quoi vivre ? » Faut-il les traduire par ceux-ci : « De quoi ne pas mourir ? » Que signifie cette expression : « Le strict nécessaire ? » Quelque « strict » que soit votre « nécessaire, » n'en doutez pas, il en est de plus stricts encore. Il est des abîmes de pauvreté où certaines espèces humaines se perpétuent et sont même prolifiques ; la compressibilité des besoins, chez les gueux, est incroyable, autant que leur extension chez les riches.

On peut presque dire que l'on n'a de besoins que ceux que l'on peut satisfaire, et que l'on a tous les besoins que l'on peut satisfaire. D'un côté, l'obligation du renoncement ; de l'autre, la faculté de la jouissance, créent des habitudes d'économie ou de dépense, habitudes qui, pour affaiblir à la longue la sensation de la misère ou celle de l'aisance, chez les uns et chez les autres, ne les empêchent pas d'ailleurs d'être malheureux ou heureux. Les millionnaires, qui énoncent tranquillement cet axiome que l'ouvrier de la fin du xix° siècle n'est pas plus heureux que celui de la fin du XVIIIe, parce que « le premier a, disent-ils, plus de besoins que l'autre, » ne paraissent pas remarquer que leur bonheur, à eux-mêmes, réside dans la satisfaction permanente d'un grand nombre de besoins, et qu'il en est ainsi des classes moins favorisées, dont le bien-être consiste précisément à pouvoir suffire à des besoins nouveaux : besoin de mieux se nourrir, de se loger avec plus de confort, de porter de meilleurs vêtements ; besoin d'épargner aussi ou de prendre quelques distractions… Si la loi naturelle, économique, comme pendant à chaque nouvelle pièce de cent sous qui tombe dans la poche de l'ouvrier, ne faisait pas aussitôt surgir dans son cerveau l'idée d'une nouvelle dépense ; si le travailleur voulait toujours enfouir cet écu dans un bas de laine ou même le verser à la caisse d'épargne, au lieu de procurer à lui et à sa famille quelque agrément, il porterait à la classe laborieuse, en agissant ainsi, un préjudice véritable. Dans un pays où les ouvriers n'ont pas de grands besoins, les salaires ne se développent pas vite, parce que la demande d'une foule d'objets de demi-luxe, dont ils sont à la fois producteurs et consommateurs, n'augmente pas beaucoup. La simplicité extrême des mœurs d'un peuple est, en quelque sorte, un obstacle à l'élévation des salaires.

Il est vrai que des salaires très bas obligent le peuple qui les reçoit à une extrême simplicité. Le lecteur voit bien, au reste, que ce cercle n'est pas aussi vicieux qu'il en a l'air ; qu'il est un moyen d'en sortir, par le développement de l'industrie et du commerce. Ce qui nous préoccupe ici, c'est de montrer, par le rapport actuel des salaires avec le prix des denrées, que la vie peut être chère dans un pays où les salaires sont bas, et réciproquement que les salaires peuvent être élevés dans un pays où la vie est à bon marché. Passons le détroit ; le pain est meilleur marché en Angleterre qu'en France, la viande est très légèrement plus chère (1 fr. 80 le kilogramme au lieu de 1 fr. 75). Parmi les chapitres de dépense courante, il en est qui sont plus hauts, d'autres moins que chez nous ; il en est, comme le loyer, qui sont à peu près équivalents. Tout compensé, l'ouvrier anglais dépense peut-être 10 pour 100 de plus que l'ouvrier français, et son salaire est de 35 pour 100 plus fort. Un journalier agricole gagnera en France, suivant les régions et les saisons, une moyenne de 2 fr. 50 par jour ; le même ouvrier recevra en Angleterre 3 fr. 40. Son salaire *réel* est donc plus élevé d'un quart, et la durée de son travail moindre de quatre ou cinq heures par semaine. L'ouvrier anglais, celui du pays libre-échangiste par excellence, où la liberté d'association, que l'on affecte maintenant de croire impuissante, a le plus tôt et le mieux fonctionné, est donc, après celui des États-Unis, le plus fortuné de tout l'univers.

Au contraire, « la situation de l'ouvrier allemand, écrit notre ambassadeur à Berlin, M. Herbette, se trouve d'autant plus précaire que le renchérissement du prix des subsistances, attribué en grande partie aux droits protecteurs du tarif douanier, est, en général, hors de proportion avec l'augmentation du salaire qu'il est possible de solliciter.[1] » A Kœnigsberg et Dantzig, la farine de blé valait 0 fr. 39 le kilogramme en 1885 ; elle vaut 0 fr. 45 aujourd'hui ;

---

1 Rapport sur les conditions du travail, en Allemagne, adressé au ministre des affaires étrangères. Les renseignements suivants sont puisés aux sources de même nature.

le kilogramme de porc valait 1 fr. 52 en 1885, il vaut aujourd'hui 1 fr. 80.

Les salaires portugais sont inférieurs aux français d'un tiers, voire de moitié, et le prix des subsistances est presque aussi élevé en Portugal qu'en France ; le pain de froment, la viande, le café, sont là-bas aussi chers qu'ici. « L'ouvrier portugais, dit notre ministre à Lisbonne, est extrêmement sobre (comment ne le serait-il pas ?) ; ses habitudes portent la marque de la simplicité primitive (il le faut bien) ; il ignore presque toutes les sollicitations du bien-être. » Son alimentation se compose surtout de pain de maïs (*broa*). En effet, il n'a pour se nourrir, à Porto, que 15 sous par jour. Le paysan français n'a, lui aussi, pendant de longs siècles, connu le pain de froment que par ouï-dire. Mais lorsque M. Bihourd ajoute que le climat sous lequel vit le sujet de sa majesté très fidèle « l'affranchit des besoins qui, en Europe, s'imposent à la plupart des travailleurs, » il s'abuse ; ce n'est pas le climat qui restreint ses besoins, c'est l'exiguïté de ses recettes comparées à la cherté des denrées. A l'autre bout de l'Europe, en Norvège, les salaires sont plus élevés qu'en Suède de 25 pour 100 ; cependant la vie est plus chère en Suède qu'en Norvège. Quoiqu'ils vivent côte à côte, et sous le même climat, les ouvriers norvégiens sont, pour ce double motif, beaucoup plus heureux que les suédois.

En Tyrol, où les salaires sont très minces, les vivres sont très coûteux. Toutes les denrées (viandes, laitages, boissons), sauf la farine, sont à plus haut prix qu'à Vienne, où la rémunération est presque du double. « Les ouvriers tyroliens, nous dit-on, ne sont pas mécontents, parce que la base de leur nourriture est la *polenta.* » C'est à peu près comme si l'on disait d'une famille composée d'une mère et de sept enfants, ne disposant tous ensemble que de 3 francs par jour pour subsister, « qu'elle n'est pas malheureuse parce qu'elle sait se contenter d'eau claire et de pain sec. » En Haute-Autriche, à Steyr, pays métallurgiste, les salaires sont plus forts de 100 pour 100 que ceux de la Basse-Autriche, où domine l'industrie textile ; les dépenses ne sont pourtant que de 30 pour 100 plus élevées dans la première région que dans la seconde. Nulle part, en un mot, le salaire ne se proportionne aux denrées ; seulement partout l'estomac des pauvres gens doit se proportionner aux *salaires réels*, c'est-à-dire à la quantité de grammes de pain, de graisse, de légumes, et, pour les ouvriers aisés, au nombre de livres de viande, de litres de vin, ou même de douzaine d'huîtres que représentent ces salaires évalués en argent.

On s'en rend bien compte en comparant entre eux les budgets ouvriers : dans chacun de ces budgets, le *quantum* attribué à la nourriture, en moyenne 50 pour 100 de la dépense totale, descend, pour les ménages les plus fortunés, jusqu'à 35 pour 100, et s'élève jusqu'à 70 pour 100 chez les prolétaires les plus misérables. Ce que la nourriture n'absorbe pas profite aux autres chapitres. Il n'est pas inutile d'ajouter que cette alimentation, qui varie, selon les bourses, de 35 à 70 pour 100, est bien meilleure chez ceux qui n'emploient qu'un tiers de leur revenu à se nourrir, que chez ceux qui doivent y consacrer plus des deux tiers. Les premiers mangent de tout autres choses que les seconds.

Le pain, qui arrive à représenter, dans un intérieur nécessiteux, 60 pour 100 de la dépense annuelle, et peut-être 90 pour 100 de la nourriture, ne coûtera, *en moyenne*, que 40 pour 100 de l'ensemble des vivres, et que 20 pour 100 de l'avoir total. Il descendra, chez les aristocrates de la classe ouvrière : chez les bijoutiers, les mécaniciens, les tailleurs, les ébénistes, au cinquième de la nourriture, au dixième de la dépense générale. Entre-t-on dans la bourgeoisie, s'élève-t-on dans la sphère des privilégiés de la fortune, on voit, à chaque échelon que l'on monte, la nourriture prendre de moins en moins de place dans le budget, et le pain diminuer de plus en plus d'importance dans le chiffre de la nourriture. Pour une famille jouissant de 50,000 francs de rentes, et composée de trois maîtres et de six domestiques, soit neuf bouches adultes, le pain ne sera que de 1 pour 100, peut-être un 1/2 pour 100 du revenu, et de 5 pour 100 de la nourriture ; et la nourriture tout entière, quelque abondante et variée qu'elle puisse être ici, ne formera sans doute, en province, que 10 pour 100, à Paris, que 15 pour 100 du budget total. L'impôt sur le pain est donc bien, comme on l'a dit, l'impôt sur le pauvre, et il est en outre progressif à rebours. Plus le pauvre s'appauvrit, plus l'impôt, pour lui, augmente d'importance à mesure que le pain prend dans son alimentation la place des autres denrées.

Section VIII

C'est cependant cet impôt, qui majore d'un quart le prix du blé, que l'agitation protectionniste a fait établir le premier. Elle se propose, par le prochain tarif de douanes, de lui en adjoindre un grand nombre d'autres, tous aussi lourds, sur la viande de bœuf, dont la taxe serait accrue de 800 pour 100 (28 francs au lieu de 3 francs), sur les autres viandes, fraîches ou salées, dont le tarif serait haussé de 200 à 600 pour 100 ; sur les graisses alimentaires (droit triplé), les fromages, les fruits et légumes, les boissons (le droit sur les vins est sextuplé), sur les huiles minérales et les bougies (droit doublé), sur les bois bruts et travaillés (sur ces derniers, le droit, qui est actuellement de 0 fr. 50, serait porté à 20 francs les 100 kilogrammes) ; en un mot, sur tous les produits naturels du sol. En effet, le caractère du nouveau protectionnisme est d'être essentiellement agricole et non industriel comme jadis ; il a pour but de favoriser, non le travail national, mais la propriété foncière ; non de permettre à des industries naissantes de prospérer ou à des industries chancelantes de se relever, mais bien d'empêcher le revenu, et par suite la valeur vénale de la terre, de subir une baisse préjudiciable à ses détenteurs.

Et je ne parle ici que du projet de tarif général déposé par le gouvernement, projet dont les vrais défenseurs de la fortune terrienne ne se déclarent nullement satisfaits, mais qu'ils entendent forcer et exagérer encore. Les oreilles tinteraient aux gens de sens rassis, s'ils soupçonnaient tout ce qui se débite de folies là-dessus dans les couloirs et les commissions des chambres. Dans les provinces, c'est pis encore ; les doléances locales s'exhalent, par la bouche de représentants plus ou moins sincères, avec une férocité naïve. La pétition d'un honnête syndicat de l'Ouest, que j'ai sous les yeux, demande, non pas un droit élevé sur la margarine, mais la prohibition pure et simple de cette marchandise, dont il considère l'importation comme faisant baisser le prix des beurres. Toutefois, le département où fonctionne ce syndicat exportant à l'étranger pour 30 ou 40 millions de beurres par an, la pétition ajoute que « le gouvernement doit être invité à prendre les mesures nécessaires pour sauvegarder et développer l'exportation des beurres français. » On se promènerait en long et en large à travers le territoire de la république, que l'on rencontrerait partout cette candide inconséquence.

Ce sont parfois des corps autorisés qui se font les intermédiaires de vœux aussi contradictoires : à peu de mois d'intervalle, la chambre de commerce du Havre a patronné avec chaleur deux adresses au ministère, — ce n'étaient pas les mêmes signatures, mais c'était la même chambre de commerce. — La première se plaignait de ce que beaucoup de navires désertaient Le Havre pour Anvers, où les marchandises étaient attirées par des tarifs avantageux sur les voies de fer, et demandait des tarifs analogues de pénétration et de transit qui facilitassent l'accès du continent par Le Havre. La seconde de ces adresses se plaignait de ce que le cabotage du Havre était ruiné par certains tarifs de pénétration, récemment établis, et demandait qu'on les abolît tous. « Saint parlement, saint gouvernement, prenez pitié de moi et jetez des pierres aux autres, » tel est toujours le fond de la prière des intérêts privés. Supposé qu'il soit voté sans amendement, — et Dieu sait ce qu'il en va pleuvoir, — ce projet de tarif présenté par un cabinet protectionniste, dont la plupart des membres sont des libres-échangistes honteux, a déjà pour effet d'augmenter le rendement des douanes de 400 millions par an, en admettant que tous les tarifs jouent, qu'ils n'arrêtent aucune marchandise, que les quantités importées restent les mêmes. Comme les douanes françaises ne produisent en ce moment que 375 millions, c'est plus qu'un doublement de charge pour le pays.

Et ces charges vont peser principalement sur la population ouvrière en haussant le coût de l'alimentation, de l'éclairage, des constructions modestes. En dehors des articles indiqués plus haut, les relèvements sont insignifiants ou nuls : qu'on augmente, ainsi que le porte le tarif, de 360 pour 100 le droit sur les couronnes funéraires, de 400 pour 100 celui des marbres sculptés, de 500 pour 100 celui des mouchoirs brodés, que l'on décuple (de 100 à 1,000 francs les 100 kilogrammes) la taxe à laquelle est soumise l'essence de géranium rosat, ou celle de la pistache, ou celle des orgues étrangères, si leur invasion nous menace, il n'y a rien là qui puisse nous attendrir. Mais lorsqu'on sait que, malgré tant de progrès réalisés, il existe encore tant de misères, lorsqu'on sait que l'État ne peut rien pour les soulager, qu'il lui est pratiquement impossible, avec la meilleure volonté du monde, d'augmenter d'un centime le salaire du travailleur, on se demande si ce n'est pas un véritable crime de faire enchérir la vie du pauvre pour maintenir le revenu du riche ou du moins de l'homme qui jouit d'une aisance relative, puisqu'il possède une parcelle de propriété.

On a mis en avant, pour déterminer le courant auquel s'abandonnent nos hommes politiques, pour nous faire rétrograder vers le passé, — puisqu'il s'agit ici de rendre à peu près inutile le progrès des moyens de transport d'un pays à l'autre, — on a mis en avant deux ou trois arguments, puérils au fond, mais spécieux et qui ont fait fortune. D'abord l'exemple des nations d'Europe et des Etats-Unis, qui, pour la plupart, dit-on, s'entourent de barrières plus hautes. Cependant ni l'un ni l'autre des deux États les plus prospères du continent, l'Angleterre et la Belgique, ne sont entrés dans cette voie. Ceux de nos voisins qui s'y sont lancés avec le plus d'ardeur, l'Allemagne et l'Italie, n'ont pas lieu de s'en beaucoup réjouir. Pour l'Italie, c'a été un vrai désastre ; pour l'Allemagne, placée, semble-t-il, dans des conditions exceptionnelles, puisque grâce aux traités encore en vigueur, elle peut exporter à peu près chez tout le monde et que personne ne peut importer chez elle, elle a dû subir une hausse générale du prix de la vie, qui a non-seulement annihilé, mais même dépassé de beaucoup la hausse antérieure des salaires. Les ouvriers s'y trouvent donc, et ils ne le cachent pas, moins heureux qu'auparavant. Cette hausse des produits du sol, il faut de toute nécessité qu'elle se produise, pour que les propriétaires soient contents, car ils ne se plaignent pas d'autre chose sinon que ces produits sont trop bas, — le bétail s'est pourtant vendu l'an dernier plus cher qu'il n'avait fait depuis vingt ans, — que leur prix, selon la formule adoptée, n'est pas « rémunérateur, » et que, de toute évidence, la patrie marche à la banqueroute puisque leurs fermiers ne peuvent plus les payer. Si nous sommes en humeur de chercher des inspirations à l'étranger, nous pourrons considérer un instant la politique douanière très différente de la Suède et de la Norvège, la première protectionniste, la seconde libre-échangiste. Ainsi que je l'ai dit plus haut, la vie est plus chère et les salaires plus bas dans la Suède protégée que dans la Norvège ouverte.

Restent deux énormes territoires : la Russie et les États-Unis. La disproportion de leur surface avec la nôtre suffirait seule à rendre impossible toute comparaison, les prohibitions douanières étant d'autant moins sensibles que le périmètre embrassé par elles est plus vaste, que les frontières sont plus loin. Or, déduction faite de la Sibérie, la Russie d'Europe, jointe à la Pologne et à la Finlande, est encore onze fois plus grande, et les États-Unis sont dix-huit fois plus grands que la France. Ce sont des mondes ; on y trouve, on y récolte de tout. Mais ce n'est pas seulement par les conditions géographiques, c'est surtout par la densité de la population qu'ils diffèrent de nous : 71 habitants par kilomètre carré en France, 14 en Russie, 6 en Amérique. Toutes les fois qu'un très petit nombre d'hommes se trouvent disséminés sur un sol immense, ce sol, et, par suite, les produits de ce sol, sont à très bon marché. C'est le cas de la Russie et aussi celui de l'Amérique, où le pain, la viande, le poisson, le vin même (depuis que la culture de la vigne se développe en Californie), le cuir, le bois, sont à moindre prix qu'en France. En revanche, lorsqu'un pays insuffisamment peuplé tend à devenir un pays industriel, les salaires, par suite de la rareté des bras, y sont très élevés ; c'est le cas des États-Unis. Dans des conditions pareilles, la protection douanière, presque exclusivement industrielle, peut être une mesure plus ou moins intelligente, — jusqu'à présent, ceux qui l'ont inaugurée au-delà de l'Atlantique n'en ont pas recueilli de fameux fruits. elle a, dans certains centres, amené une surproduction insensée et créé plus de faillites que de richesses ; — mais, en tout cas, elle n'influe pas sur le prix des objets de première nécessité. Que les pianos, les gants, les robes de soie, les tableaux et les locomotives renchérissent, cela n'atteint pas directement le prolétaire yankee, qui continue à recevoir deux ou trois fois plus que celui d'Europe (10 ou 15 francs par jour) et qui ne dépense pas plus pour sa nourriture qu'un Français. L'argent de l'homme riche ou aisé de là-bas a moins de valeur que l'argent du personnage correspondant sur le vieux continent ; mais l'argent de l'ouvrier vaut tout autant, et cet ouvrier a des ressources deux fois plus fortes. Il n'y a donc aucune conclusion à tirer du *bill* Mac-Kinley à notre tarif général.

Ce *bill* Mac-Kinley lui-même n'est pas assuré d'une très grande longévité, et il a, d'ailleurs, été un peu exagéré en Europe. On sait que le tarif douanier de la république américaine, au lieu de frapper les marchandises selon leur poids ou leur quantité, comme le nôtre, contient un très grand nombre de droits *ad valorem* ; ces droits étaient excessifs… sur le papier, mais on s'en rapportait aux déclarations des importateurs, et ces importateurs étaient dans l'usage de dissimuler la moitié, les trois quarts de la valeur réelle. Ils allégeaient d'autant la taxe par ce moyen. Les soies, par exemple, sont assujetties depuis longtemps à un droit de 50 pour 100 de la valeur ; les Américains qui les introduisaient s'arrangeaient communément pour ne déclarer que 12 à 15 pour 100. Le *bill* Mac-Kinley, par les pénalités compliquées qu'il édicte, prétend armer l'administration contre cette tolérance de fait. Y réussira-t-il ? L'avenir nous l'apprendra. En tout cas, il ne surhaussera pas les denrées, au contraire, il peut les faire baisser encore en paralysant l'exportation ; c'est pour cela que l'agriculture américaine réclame contre la protection pendant que l'agriculture française proteste contre le libre échange.

Pourquoi, d'ailleurs, prendre prétexte des relèvements de tarifs faits par certaines nations étrangères, puisque nous sommes déterminés à ne plus faire de traités de commerce, que nous ne voulons plus permettre à aucune de ces nations de nous apporter ses produits naturels, lors même qu'elle nous achèterait en retour un chiffre plus considérable encore de nos produits manufacturés. Effectivement, les droits les plus forts que contient notre tarif général projeté s'appliquent à des marchandises qui nous sont fournies par des peuples chez lesquels, à l'heure actuelle, nous exportons beaucoup plus qu'ils n'importent chez nous. Enfin suffît-il que d'autres gouvernements s'engagent dans une voie funeste pour que nous les y suivions d'enthousiasme ? S'ils font une sottise, est-ce une raison pour les imiter ? Quand la France a promulgué, il y a cent ans, la « déclaration des droits de l'homme, » elle n'a demandé conseil ni à l'Allemagne, ni à la Russie. Et si l'on objecte qu'il n'y a entre la politique et l'économie aucun rapport, j'ajouterai : « Quand l'Angleterre, sous le ministère de sir Robert Peel, décréta l'abolition de la taxe des grains, elle rompait, la première, avec toutes les traditions douanières de l'époque, et elle n'a pas eu lieu de s'en repentir. »

Un autre argument, qui n'a pas été sans frapper beaucoup d'esprits superficiels, est celui-ci : « Si les produits du sol diminuent, ont dit les propriétaires, nos fermiers ne pourront plus nous payer, le revenu de la terre baissera ; par suite, nous serons appauvris, nous n'occuperons plus d'ouvriers, les ouvriers seront sans travail, et tout le monde souffrira. Tandis que si nous vendons nos denrées plus cher, nous dépenserons beaucoup, nous ferons beaucoup travailler, et tout le monde sera heureux. » C'est un plaisant raisonnement et du plus pur socialisme. Les ouvriers aussi pourraient venir dire : « Augmentez notre salaire ; s'il est plus élevé, nous serons plus à notre aise, nous ferons beaucoup plus de dépense et nous ferons enchérir le prix des denrées, dont nous n'usons aujourd'hui qu'avec parcimonie. Par là, tout le monde encore sera heureux, nous d'abord, et les propriétaires ensuite. » L'un des procédés vaut l'autre ; ils sont aussi injustes ou aussi équitables l'un que l'autre. L'un, c'est le protectionnisme ; l'autre, c'est la journée de huit heures. Il est vrai qu'ils se contre-poussent et se contredisent. Chacune des classes dit à sa voisine : « Enrichissez-moi, et je vous enrichirai ; » et toutes les deux disent à l'État, en chœur : « Votre devoir est de prendre soin de mes affaires ; vous ne pouvez vous en désintéresser. »

Dans un État démocratique, il devrait y avoir une nuance entre ces deux ordres de revendications ; on ne peut les accueillir de la même manière : pourtant, les salaires des travailleurs n'ont jamais été augmentés, ni même garantis par aucune loi. Tous les jours, des chômages prolongés affligent certaines branches de l'industrie ; tous les jours, des ouvriers valides et honnêtes peuvent se trouver sans travail sur le pavé ; c'est à eux, dit la loi, à se tirer d'affaires. A combien plus forte raison la loi doit-elle tenir le même langage aux propriétaires qui voient baisser ou disparaître leur revenu ! Il n'y a, en effet, pas autre chose, au fond de ce qu'on est convenu d'appeler la « crise agricole, » qu'une crise de fermage ; chaque hectare français rapporte à son maître une somme de 50 francs en moyenne par an. Cette rente moyenne, rien ne la doit garantir au détenteur du sol rural, pas plus que rien ne peut maintenir à l'ouvrier le salaire moyen qu'il touche aujourd'hui, ou au possesseur de maison urbaine le loyer moyen qu'il a touché depuis vingt ans. Le propriétaire foncier, habitué depuis des siècles à voir son revenu croître perpétuellement, en est arrivé à se figurer que cet accroissement est une loi de nature, qu'il n'est pas plus possible à sa terre de ne pas augmenter qu'il ne le serait à un homme de ne pas vieillir.

Cette tradition résulte d'un état de choses que le progrès de ce temps a précisément pour but de détruire. On fera, au cours du XXe siècle, concurrence à la vieille terre française avec la terre de tous les pays, comme on a fait, au XVIe siècle, concurrence au vieil or français avec l'or tout neuf du Nouveau-Monde. Les propriétaires mobiliers ont souffert jadis, beaucoup ont disparu et sont retombés dans les rangs du prolétariat ; les propriétaires fonciers souffriront aussi, les petits devront cultiver eux-mêmes, peut-être, mais le travail national n'y perdra rien. Lors même que la baisse entraînerait, par suite de la réduction de revenu d'un certain nombre de propriétaires, une diminution du prix de toutes choses, sans excepter les salaires, le résultat n'en serait pas moins favorable pour l'ouvrier français. C'est une condition très importante de succès pour une industrie, sur le marché international, — et nous exportons chaque année pour 1,700 millions de produits manufacturés, — que le bon marché de l'existence.

Chacune des deux parties en présence, socialistes ouvriers, propriétaires socialistes, cherche, en résumé, le remède où il ne peut, où il ne doit pas être. Les ouvriers veulent qu'on améliore leur condition en augmentant leurs recettes ; elle doit d'abord s'améliorer par la diminution de leurs dépenses, c'est-à-dire par une transformation du commerce de détail. On se plaint, à juste titre, que l'ouvrier n'éprouve pas les effets bienfaisants de la baisse de certaines marchandises, qu'entre le producteur et le consommateur se place un trop grand nombre d'intermédiaires, véritables parasites ; que le prix de la viande n'ait pas diminué, il y a trois ou quatre ans, à proportion de celui des bestiaux, ni le prix des grains, en 1880, à proportion de celui du blé. Ce mal n'est ni récent, ni particulier à notre pays. Il était bien plus aigu sous l'ancien régime, où l'échelle du gros et du demi-gros, jusqu'aux détaillants-*regrattiers*, s'allongeait exagérément. A l'étranger, on se plaint, comme ici, des surhaussements factices. Les mille morceaux de tourbe coûtent, en Hollande, 6 francs en gros et 22 francs au détail. En comparant, dans chaque ville, le nombre des boulangers à celui des habitants, on rencontre des anomalies choquantes. Versailles compte 7 boulangers par 10,000 âmes, Le Havre et Toulon en comptent 15, Saint-Brieuc et Mende en comptent 30, Le Puy 37, Digne 40. On ferait des calculs semblables pour toutes les professions.

Évidemment, l'organisation est mauvaise, mais elle est en voie de progrès. Les grands magasins ont déjà révolutionné, au profit de l'acheteur ouvrier, le commerce de tout ce qui touche à l'habillement et aux étoiles ; certains bazars ont fait de même pour la quincaillerie. L'épicerie de province, après avoir résisté aussi longtemps qu'elle a pu, a dû baisser ses prétentions devant l'essaimage des grosses maisons parisiennes. Avec le temps, une partie de tous ces petits patrons disparaîtra ; le commerce se réduira de plus en plus à un simple courtage, que la concurrence maintiendra très bas. Les sociétés coopératives, s'il le faut, feront le reste.

De même que le remède ouvrier doit être cherché, non dans l'augmentation des recettes, mais dans la diminution des dépenses ; de même, le remède agricole doit être cherché, non dans la hausse du prix des denrées, mais dans la baisse du prix de revient, dans l'accroissement du nombre des produits du sol, par une culture plus intensive, plus scientifique. Je n'ignore pas que la majorité des propriétaires considèrent ceux qui leur tiennent un pareil langage comme des malveillants et des farceurs. Qu'ils regardent en arrière, pourtant ; qu'ils mesurent le terrain parcouru depuis deux siècles, depuis cent ans seulement, par l'agriculture française, — la terre a doublé de prix sans que le blé ait haussé ; — ils verront que les progrès d'hier (inventions de machines nouvelles, perfectionnement des espèces animales, découverte des engrais chimiques, encore en enfance, etc.) leur promettent pour demain des progrès non moins extraordinaires, sans doute, et qu'ils n'ont guère besoin d'affamer tout le monde pour ne pas mourir eux-mêmes de faim !

ISBN : 978-1721548323

www.ingramcontent.com/pod-product-compliance
Lightning Source LLC
Chambersburg PA
CBHW070213260726
48658CB00006BA/2061

* 9 7 8 1 7 2 1 5 4 8 3 2 3 *